百科知识全书·文化

WENHUADILI

文化地理

▶ 张记彪◎编著

企业管理出版社
ENTERPRISE MANAGEMENT PUBLISHING HOUSE

图书在版编目（CIP）数据

文化地理/张记彪编著．—北京：企业管理出版社，2014.2

（百科知识全书．文化）

ISBN 978 - 7 - 5164 - 0624 - 3

Ⅰ.①文…　Ⅱ.①张…　Ⅲ.①文化地理学 - 世界 - 通俗读物　Ⅳ.①G07 - 49

中国版本图书馆 CIP 数据核（2013）第 284485 号

书　　名：文化地理

作　　者：张记彪

选题策划：申先菊

责任编辑：申先菊

书　　号：ISBN 978 - 7 - 5164 - 0624 - 3

出版发行：企业管理出版社

地　　址：北京市海淀区紫竹院南路 17 号　　邮编：100048

网　　址：http：//www. emph com

电　　话：总编室（010）68701719　　发行部（010）68701073

　　　　　编辑部（010）68456991

电子信箱：emph003@ sina. cn

印　　刷：北京一鑫印务有限责任公司

经　　销：新华书店

规　　格：160 毫米 ×230 毫米　　16 开本　　13 印张　　140 千字

版　　次：2014 年 4 月第 1 版　2015 年 5 月第 2 次印刷

定　　价：30.00 元

前　言

　　文化地理学是研究人类文化的空间组合，人类活动所创造的文化在起源、传播方面与环境的关系的学科。文化是指人类社会实践中所创造的物质财富和精神财富的总和。它具有历史的延续性，同时在地球上占有一定的空间，是人类社会环境的组成部分。

　　文化地理学的研究，旨在探讨各地区人类社会的文化定型活动，人们对景观的开发利用和影响，人类文化在改变生态环境过程中所起的作用，以及该地区区域特性的文化继承性，也就是研究人类文化活动的空间变化。它是人文地理学的重要分支，也是文化学的一个组成部分。

　　由于移民、领土扩张和商业往来，不同文化常发生混合或替代，文化地理学研究它们之间传播交流的路线和过程、文化中心的变迁、传播的方式、文化区的扩大和进程等。研究范围包括生产工具的形式和应用、植物和动物的驯化、农业体系、民族的分布、语言文字的传播以及宗教的价值和信念等。

　　文化地理学从地理的角度研究文化，着重研究文化是怎样影响人类的日常生活空间的。人与自然，构成了文化的最基本元素。在自然景观中体现人的智慧，在人的行为中体现大自然的造化，人与自然水乳交融。

　　本书从宏观角度讲述了世界文化地理，包括人口、民族、人种、语言、风俗、宗教、工业、农业、旅游、建筑等东西方世界地理文化，熔实用资料和生动图片于一炉，让世界上多姿多彩的文化地理、风土人情一览无余地呈现。对广大青少年读者而言，是一本很好的了解世界文化地理的课外读物。通过本书的阅读，不仅能够增加知识，而且还能开阔视野。

　　限于学识经验，书中难免会存在一些缺点和不足，敬请读者朋友批评指正，以利再版改进。

目 录

世界人口篇

世界人种和民族篇

语言地理篇

宗教地理篇

农业地理篇

工业地理篇

旅游地理篇

亚洲文化地理篇

非洲文化地理篇

欧洲文化地理篇

美洲文化地理篇

澳洲文化地理篇

世界人口篇

文化地理

世界人口論

迅猛增长的世界人口

世界人口目前每年净增长 7700 万，每秒增加 2～3 人。对世界人口年增长"贡献"最大的 7 国为：印度（21%），中国（13%），巴基斯坦、尼日利亚、孟加拉、印尼和美国（均为 4%）。

据推测，全球每年增加人口数量将保持在 8600 万以上。到 2015 年，世界人口将达 71～78 亿，到 2025 年将超过 80 亿，到 2050 年将达到 94 亿。据科学家的分析，到 2080 年世界人口将达到顶峰，为 106 亿，在此后将逐渐下降，到 21 世纪末降至 103.5 亿。

2009 年世界人口排行一览表　　　　　　　　　　（单位：人）

名　次	国　家	人口数
1	中　国	1 319 000 000
2	印　度	1 169 016 000
3	美　国	301 950 000
4	印度尼西亚	231 627 000
5	巴　西	186 500 000
6	巴基斯坦	163 630 000
7	孟加拉国	158 665 000

名　次	国　家	人口数
8	尼日利亚	148 093 000
9	俄罗斯	142 499 000
10	日　本	127 720 000
11	墨西哥	103 263 388
12	菲律宾	88 706 300
13	越　南	87 375 000
14	德　国	82 310 000

世界人口分布的特点

目前世界上约有 200 个国家和地区，其中人口 1 亿以上者有 10 个国家，它们是中国、印度、美国、印度尼西亚、俄罗斯、巴西、日本、尼日利亚、巴基斯坦和孟加拉。这 10 国人口总数共有 31.5 亿多，约占世界总人口的一半。由于世界各国自然环境和经济发展水平的差异，因而人口的地理分布是不平衡的。世界人口空间分为人口稠密地区、人口稀少地区和基本未被开发的无人口地区。据统计，地球上人口最稠密地区约占陆地面积的 7%，那里却居住着世界 70% 的人口，而且世界 90% 以上的人口集中分布在 10% 的土地上。

人口在各大洲之间的分布也相当悬殊。欧亚两洲约占地球陆地总面积的 32.2%，但两洲人口却占世界人口总数的 75.2%。尤其是亚洲，世界人口的 60% 居住于此。非洲、北美洲和拉丁美洲约占世界陆地面积的一半，而人口尚不到世界总人口的1/4。大洋洲陆更是地广人稀。南极洲迄今尚无固定的居民。欧洲和亚洲人口密度最大，平均每平方公里都在90人以上，非洲、拉丁美洲和北美洲平均每平方公里在20人以下。大洋洲人口密度最小，平均每平方公里才2.5人。

世界人口按纬度、高度分布也存在明显差异：北半球的中纬度地带是世界人口集中分布区，世界上有近80%的人口分布在北纬20°~60°之间。

世界人口的垂直分布也不平衡，55%以上的人口居住在海拔200米以下、不足陆地面积28%的低平地区。由于生产力向沿海地区集中的倾向不断发展，人口也随之向沿海地带集中。目前，各大洲中距海岸200千米以内临海地区的人口比重，已明显超过了其面积所占的比重，并且沿海地区人口增长的趋势还会继续发展。

世界人口城镇化展望

2010年年初，联合国公布了《世界人口城镇化展望》2009年修正版。报告展示了世界正在经历的快速城镇化进程。目前世界城镇人口超过农村人口近一个亿，这一趋势还将继续下去，到本世纪中叶，城镇人口将接近世界总人口的七成，达63亿。

根据联合国人口司最新颁布的《世界人口城镇化展望》2009年修正版，2010年全球69亿人口中有35亿人居住在城镇，占50.5%。其余34亿人居住在乡村，占49.5%。未来40年，各大洲

居住在城镇的人口将不断上升，而居住在农村的人口除非洲外均将出现下降趋势。到 2050 年，全球居住在城镇的人口将攀升至 63 亿，占那时全球总人口的 69%。而全球农村人口将下降为 29 亿，占那时全球总人口的 31%。

城镇人口在全球各大洲间的分布较不平衡。2010 年全球 35 亿城镇人口中，亚洲最多，有 17.6 亿，占全球城镇人口总量的一半；欧洲为 5.3 亿，拉丁美洲为 4.7 亿，非洲为 4.1 亿，北美洲为 2.9 亿，大洋洲为 2500 万。

各大洲的城镇化水平也参差不齐。2010 年城镇化水平最高的为北美洲达 82%，其次是拉丁美洲为 80%，欧洲为 73%，大洋洲为 70%，亚洲和非洲分别为 42% 和 40%。亚洲和非洲的城镇化程度只有北美洲和拉丁美洲的一半。

目前全球有 21 个千万人口以上的超大城市。其中，11 个在亚洲，2 个在中国，分别是上海和北京。到 2025 年全球将有 29 个这样的超大城市，其中，16 个在亚洲，5 个在中国，中国增加了 3 个，分别是重庆、深圳和广州。

世界人口最少的十个国家

世界上有一些国家受地理条件的限制，人口密度非常稀少，甚至每平方公里仅 0.026 人。

1. 格陵兰岛

人口总数约 5.69 万人，面积 217.56 万平方公里，平均每平方

世界人口分布

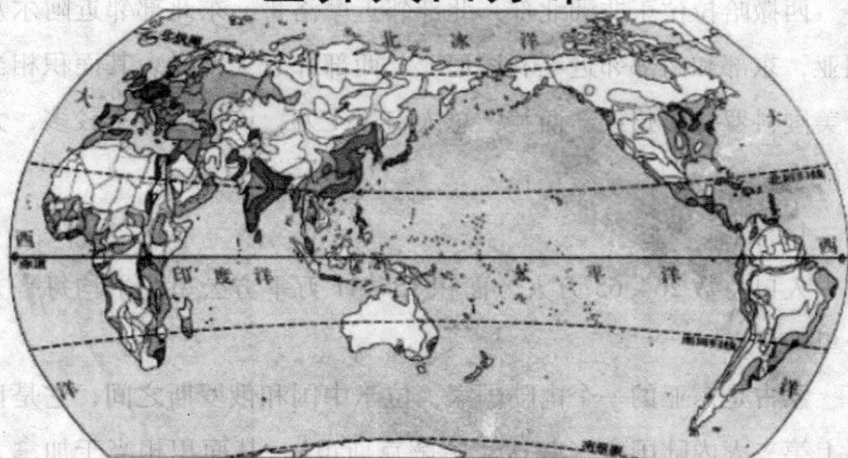

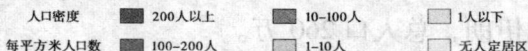

| 人口密度 | ■ 200人以上 | ■ 10-100人 | □ 1人以下 |
| 每平方米人口数 | ■ 100-200人 | □ 1-10人 | □ 无人定居区 |

公里 0.026 人。

格陵兰岛是北极洋和大西洋之间冰雪覆盖的一个岛屿，位于加拿大东北部，它是目前世界上最大的岛屿，也是丹麦的一个自治省。格陵兰岛的面积比美国阿拉斯加州大一些，与沙特阿拉伯面积相当，拥有 285 万立方千米的冰层资源，总人口不足 5.7 万。

2. 英国福克兰群岛

人口总数 3060 人，面积 12173 平方公里，平均每平方公里 0.25 人。

福克兰群岛是由大西洋南部的两个主岛屿和 776 个小岛屿组成的，距离阿根廷海岸 480 公里，它是英国的一个海外自治地区。其面积相当于美国康涅狄格州或北爱尔兰，人口仅 3060 人，岛屿上饲养着 58.3 万头绵羊。

3. 西撒哈拉

人口总数 44 万人，面积 26.6 万平方公里，平均每平方公里

7

1.3 人。

西撒哈拉位于非洲北部，北部邻近摩洛哥，东北部邻近阿尔及利亚，东部和南部邻近毛利塔尼亚，西部邻近大西洋。其面积相当于美国科罗拉多州或新西兰，总人口 4.4 万，该地区沙土较多，大量缺水。

4. 蒙古

人口总数 264.65 万人，面积 156.41 万平方公里，平均每平方公里 1.7 人。

蒙古是东亚的一个内陆国家，位于中国和俄罗斯之间，它是世界上第二大内陆国家（仅次于哈萨克斯坦），其面积相当于加拿大的魁北克省或伊朗，总人口 260 万。

5. 法属圭亚那

人口总数 18.70 万人，面积 9 万平方公里，平均每平方公里 2.1 人。

法属圭亚那地区位于南美洲东海岸，西部邻近苏里南，西南部邻近巴西，北部邻近大西洋。和其他海外附属地区一样，法属圭亚那属于附尾法国的 26 个地区之一，该地区面积相当于美国缅因州或葡萄牙，总人口 18.7 万，这里有欧洲宇航局的一个太空发射场。

6. 纳米比亚

人口总数 203.12 万人，面积 82.43 万平方公里，平均每平方公里 2.5 人。

纳米比亚位于非洲西南部，西部邻近大西洋，南部邻近南非，东部邻近博茨瓦纳，北部邻近安哥拉。其面积相当于安大略湖或巴基斯坦，总人口 203 万。

7. 澳大利亚

人口总数 2105 万人，面积 768.23 万平方公里，平均每平方公里 2.6 人。

澳大利亚位于印度洋和太平洋，其面积相当于美国 48 个州，是欧盟国家领土面积的两倍，2/3 人口都居住在沿海 5 个主要城市。

8. 苏里南

人口总数 44.92 万人，面积 16.38 万平方公里，平均每平方公里 2.7 人。

苏里南共和国是南美洲北部的一个国家，国土西部邻近圭亚那，南部邻近巴西，东部邻近法属圭亚那，北部是大西洋。其面积相当于美国威斯康星州或突尼斯，人口近 45 万，与其他面积相当的国家比较，该国居民使用多种语言。

9. 冰岛

人口总数 30.97 万人，面积 10.3 万平方公里，平均每平方公里 3 人。

冰岛是欧洲北部的岛国，位于北大西洋、欧洲大陆和格陵兰岛之间。其面积相当于美国肯塔基州或前东德的面积，人口仅为 30 万，其中老年人群比例很大。

10. 毛里塔尼亚

人口总数 306.87 万人，面积 102.55 万平方公里，平均每平方公里 3 人。

毛里塔尼亚伊斯兰共和国位于非洲西北部，西部紧靠大西洋，西南部邻近塞内加尔，东部和东南部与马里接壤，东北部与阿尔及利亚相邻，其面积相当于安大略湖，人口却仅有 300 万。

中国城市化的特点

最近三十多年来，中国的城镇化发展有很多特点。

第一，城镇化速度较快。最近 30 年来，中国的城镇人口比重平均每年大约增加一个百分点。从 1980 年的 19% 上升到 2000 年的 36% 再增加到 2010 年的 47%。估计中国完全过渡到城镇化成长期不会超过 50 年。所谓城镇化成长期就是城市人口占总人口的比重从 30% 增加到 70% 这个阶段。历史上，欧洲大约用了 200 年时间，北美洲大约用了 100 年时间，拉丁美洲用了五十多年时间。

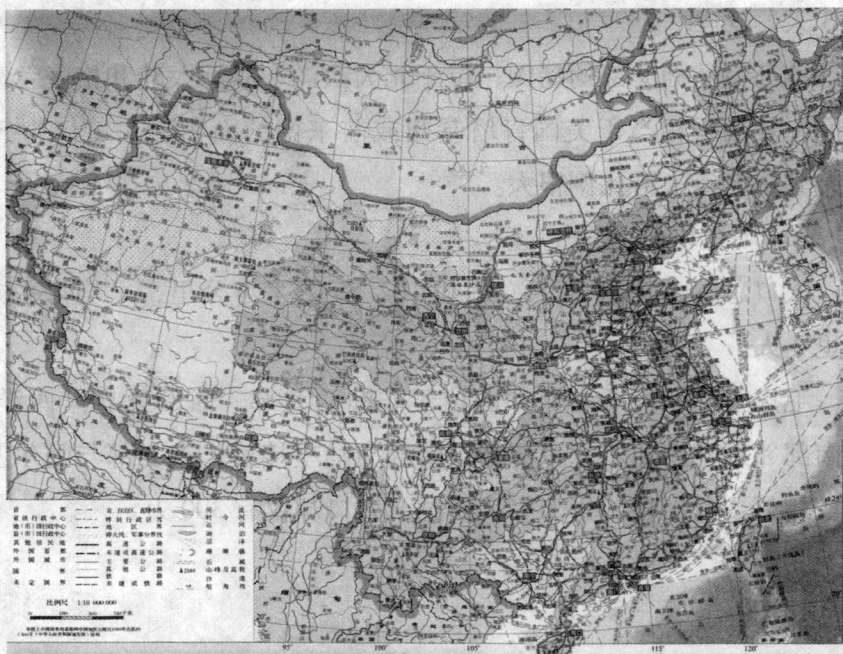

第二个特点，建制市数量发展较快和城市规模较大。中国建制市的数量从 1980 年的 230 多个增到 2000 年的 650 多个，20 年间增加了将近两倍。最近 10 年建制市的数量虽只增加了 10 个左右，但平均每一个城市的人口规模从 2000 年的 50 万人增加到 2010 年的 67 万人，10 年间增加了 17 万人。另外，百万人口以上城市的数量增加也较快。从 1980 年的 20 个增加到 2000 年的 58 个，再增加到 2010 年的 88 个。中国百万人口以上城市的数量占全球的 20%。

第三个特点就是城市增长的地区不平衡性。主要体现在两个方面，第一，2010 年，中国六百六十多个城市中，沿海省份，包含台湾，虽不到 300 个，但它们占全国城市人口总量的 55%。平均而言，每个沿海省份城市的人口数量要比非沿海省份城市多 30 万人。第二个方面就是省间差异较大，除四个直辖市外，城镇化水平最高的广东省已经达 65%，而贵州、西藏两省只有 30% 左右。

世界人口迁移

人口的发展变化是受社会经济发展制约的，作为世界人口发展的一方面，国际人口迁移也反映着全球政治经济的变化。

20 世纪以前，人类的经济发展主要依靠劳动力数量的增长，与此相适应，国际人口迁移的目的地主要是尚待开发的"处女地"。例如，15 世纪发现新大陆后，先是西班牙、葡萄牙，接着是荷兰，而后是英国、法国开始了开拓美洲的殖民政策，他们带来了两类移民：一类移民来自欧洲，他们迁移到新大陆的目的是掠夺金银财

宝、发财致富；另一类移民来自非洲，他们是这些殖民者贩运到美洲的奴隶。再例如，19世纪到20世纪上半叶的一次世界大战前这段时间，欧洲各国在自身人口增长的压力和北美急需劳动力的拉力共同作用下，形成了涌向美国的移民潮。

两次世界大战阻滞了正常的国际人口迁移，然而战争一结束，国际人口迁移又进入了一个新的历史时期，出现了一些新特点。

首先，政治性的国际迁移急剧增加。战后欧洲重新划定国家边界，使东欧各国都因国界变动而有人口互相迁入迁出；印度和巴基斯坦两个国家分治，形成亚洲人口最大的一次国际迁移。在取得独立的非洲国家，原来的殖民者被迫遣返人口回国。

其次，国际迁移的流向发生了很大变化。美洲对劳动力的需求减少，大批欧洲人从殖民地返回故里，欧洲战后较快的经济发展，减轻了人口压力，使人口迁出也日益减少，造成该地区由人口迁出变为人口迁入地区。

第三，美国仍是主要的人口迁入地，但迁入人口来源结构发生变化。欧洲移民减少，拉丁美洲成为移入人口主要来源地，20世纪70年代后亚洲移民人数超过了欧洲。

战后国际人口迁移一反历史上资本主义国家人口向落后的殖民地迁移的现象，变为大多是穷国向富国迁移，这对发达国家和发展中国家有着不同的影响。

对于人口增长缓慢、人口老龄化严重的发达国家来说，迁入人口弥补了其劳动力的不足，具有专门技能的移民既带来了他国的科学知识和生产技术，又为迁入国节约了教育费用。对于人口增长率仍很高的发展中国家来说，人口的迁出虽然减轻了本国的人口压力，但由于这些人不是一般的劳动力，而是科技人员、专业人员，大笔培育费造就的高素质劳动力被外国利用，这无疑是发展中国家最大的损失。

大工业的发展使经济增长不再主要依靠劳动密集型产业的扩张，科学技术成为了第一生产力，国际竞争在一定情况下就是人才的竞争。因此，如何制止由各种因素综合作用造成的发展中国家"人才外流"现象，是目前国际人口迁移研究的主要问题。

世界人口日

1987 年 7 月 11 日，南斯拉夫的一个婴儿降生，被联合国象征性地认定为是地球上第 50 亿个人，并宣布地球人口突破 50 亿大关。

为纪念 1987 年 7 月 11 日地球人口突破 50 亿这个特殊的日子，同时为引起国际社会对人口问题更深切的关注，1989 年联合国人口基金会倡议把每年的 7 月 11 日定为"世界人口日"。1990 年联合国大会根据开发计划署理事会第 36 届会议的建议，通过决议决定将每年 7 月 11 日定为"世界人口日"，以唤起人们对人口问题的关注。世界人口大会每 4 年举行一届。

世界人种和民族篇

文化地理

什么是人种

　　人种，亦称种族，指在体质形态上具有某些共同遗传特性的人群。根据人种的自然体质特征，生物学家以本质主义方式（即以体质特征为标准），将全世界的现代人类划分为四大人种：欧罗巴人种（又称白色人种或高加索人种或欧亚人种）、蒙古人种（又称黄色人种或亚美人种）、尼格罗人种（又称黑色人种或赤道人种）和澳大利亚人种（又称大洋洲人种或棕色人种），俗称白种人、黄种人、黑种人和棕种人。

人种的分布

　　除去各种水域和一些高山外，人类是在地球上分布最广的一种生物。

　　现代人的分布经历了一个相当长时期的发展，至少可以追溯到

更新世晚期的后半部，即旧石器时代晚期的晚期智人阶段。晚期智人具有高而圆隆的头颅和相对较小的面部，低矮的眉弓和突出的下颏等特征，它是现代智人的一种早期类型。在地球上广泛分布的最早的晚期智人各群体已经积累了文化上和体质遗传上的差异，并在此后 3.5 万年以上的时间里进一步得到扩展和改变，形成了现生各个人种的特征和分布状况。

与动物物种产生和分化的过程一样，形成现代各人种的自然过程仍然受基因突变、变异的随机扩散、迁移和自然选择四个基本因素控制。在这些因素作用下，现生各人种在某些形态特征和某些生物化学特征上显示了程度不同的差异。

各人种的体质形态一般来说与他们的生活环境是相适应的。例如，居住在炎热的非洲沙漠的尼格罗人的肢体细长；而在严寒的北极生活的因纽特人（以前一般称为"爱斯基摩人"）则肢体粗短。这与身体热量的保持和散发有关。赤道附近尼格罗人的皮肤含有较多的色素，可以避免过多的紫外线照射，他们卷曲的头发也可起隔热的作用。蒙古人的倾斜的凤眼，还有宽的和富含脂肪的面颊、较平的鼻部和额部，可能与亚洲中部寒冷的多风沙气候有关。

在人种形成的过程中，自然因素作用的大小、性质和诱发条件，随着人类物质生产和社会文化的发展而变得越来越不同于其他动物物种形成的过程。人种的形成和分布比在其他动物同一物种内不同亚种的情况复杂得多。因此，不能简单地用自然条件来解释某些人种的某些特征。虽然非洲尼格罗人皮肤黑色素的骤增与太阳照射有关，但是实际上现在的非洲尼格罗人大部居住在蔽荫的森林里。世界上个子最高的人是居住在尼罗河上游的尼罗特人，成年男子平均身高达 180 厘米。有趣的是，世界上最矮的俾格米人也居住在这个区域。斯堪的纳维亚半岛低矮的拉普人也与高大的北欧人种毗邻居住，非洲尼格罗人面部突颌的特征适宜于炎热的气候，但北极人种中的阿留申类型的突颌比尼格罗人还要明显。这样一些表面上与自然条件相矛盾的人种特征的形成过程更复杂一些。

人种的起源

　　蒙古人种、高加索人种、尼格罗人种三大人种主干的体质特征是在约 3.5 万年前开始出现的。在亚、欧、非三大洲发现的晚期智人的化石证明他们在本地区延续发展。美洲、澳洲和大洋洲较晚才有人类居住。由于澳洲土著的体质特征较为特殊，他们常被列为与以上三种人不同的另一种人。

　　蒙古人种起源于中亚和东亚。北京周口店山顶洞和广西柳江县通天岩发现的晚期智人头骨化石表现了以黄种人为主导的特征。在马来西亚沙捞越的尼亚洞和在印度尼西亚爪哇贾克发现的人类化石很像现代澳大利亚土著。早期蒙古人种逐渐向北方扩展，成为西伯利亚的通古斯人和楚克奇人以及因纽特人（爱斯基摩人）。跨过西伯利亚和美洲阿拉斯加之间曾经存在的"陆桥"，蒙古人种来到美洲，定居下来，成为美洲大陆最早的居民——印第安人。

　　蒙古人种从印度尼西亚或者还有其他的地方，航海到澳大利亚，比到美洲去的历史或许稍早一些。在澳大利亚的芒戈湖、科阿沼泽发现的人类化石代表了两种不同的类型，因此有人认为曾经有过两次从亚洲向澳洲的迁移。大洋洲的美拉尼西亚、波利尼西亚和

密克罗尼西亚可能只是在几千年前才有人居住。

非洲尼格罗人与在本地区发现的晚期智人在体质特征上的继承关系很明显，大部分人认为他们起源于非洲本土。但是，地区内变种分化的较晚。南非和东非的晚期智人化石都在不同程度上包含尼格罗人、科伊桑人（即以前所称的"布须曼人和霍屯督人"）和当地现代人特征的混合。只是在几千年之前，科伊桑人才在非洲南部定居下来，在北部，与狩猎经济相适应，形成尼格罗类型。

与欧洲晚期智人有关系的早期智人，即尼安德特人阶段的化石比较复杂。最早的白种人的起源地目前只能圈定在南欧、北非和西亚这样一块较大的区域之中。欧洲本土发现的晚期智人化石以克罗马农人为代表，他们在30000年前已经显示了高加索人种的性质。由于欧洲与附近亚、非洲部分的人群混杂很频繁，高加索人种再分化为现代的次级人种则是大约10000年以内的事。这样的次级人种包括波罗的海周围浅肤色的北欧人种、浅黑色皮肤的地中海人种和北非埃塞俄比亚人种以及深褐色皮肤的南印度人种。一千多年以前宗教对婚姻的限制也是后期人种特征相对稳定的重要因素。

意大利航海家 C. 哥伦布 1492 年到达美洲大陆以后，随着欧洲资本主义国家寻求新的殖民地，世界人种的分布发生了急剧的变化：数以百万计的欧洲人涌向美洲、南非、澳大利亚和新西兰，使高加索人种的数目迅速增长。例如，近 4 个世纪以来世界人口增长约 6 倍，而英国人的后裔至少增长 50 倍。与此同时，几百万非洲黑人作为奴隶被绑架到美洲。由于混杂又出现了新的人种，美洲的有色人种已达 6000 万人之多。有的人种（塔斯马尼亚人）已灭绝，有些人种如澳洲土著及美洲印第安人人口大大减少。这样的一系列过程形成了现代人种分布的基本格局。

世界民族

世界民族是世界各国民族的总称。目前，全世界共有 67 亿居民，分属两千多个民族。这些民族的社会、经济、文化分别处于各个不同的发展阶段上。其中，有人口一亿以上的民族，也有不足千人的民族。汉族是世界上人口最多的民族，南美洲火地岛上的阿拉卡卢夫人和雅马纳人则是人数最少的民族。

从世界民族统计资料来看，随着全球人口的持续增长，民族的总体数目呈现下降的趋势。在民族、文化融合愈益加快的形势下，小民族的数目逐渐减少；若干个小民族聚合为一些大民族，而大民族的数目则在日渐增多。

世界民族分布变化的主要原因

世界民族分布变化的主要原因有：

1. 移民

人类在旧石器时代的绝大部分时间里，仅仅居住在亚、非、欧三洲，进入澳大利亚和美洲大陆的历史至多不过几万年，进入波利尼西亚群岛的时间更晚，约在公元前 1000 年。世界上大规模的移

民发生在欧洲各国"民族大迁徙"时期。7~11 世纪阿拉伯人移入北非，以及后来突厥人的西迁和蒙古人的西征，对亚、非、欧地区民族成分的变化影响很大。到了"地理大发现"时期，大量欧洲移民涌向美洲大陆，还有"奴隶贸易"，都对美洲及非洲的民族构成产生了深远影响。19 世纪后半期，随着资本主义的发展，又有大批欧洲移民流向美洲，部分移居澳大利亚、新西兰、北非和南非。第二次世界大战后，由于帝国主义者制造民族矛盾，也引起一些大规模的移民。近 20 年来，由于西欧地区工业的迅速发展，又引起了一个新的移民浪潮。目前，西欧各国的外来移民已超过 1200 万人。

2. 人口增长

据计算，在旧石器时代晚期（约 15000 年前），全球人口只有几百万。进入新石器时代，尤其是进入金属时代以后，人口增长速度迅速加快。在最近 3 个世纪里，全世界人口大约增加了 7 倍，由 1650 年的 5.4 亿增加到 1978 年的 42.6 亿。而世界各地人口增长的速度很不均衡，从目前情况看，发展中国家一般高于发达国家。这也必然导致全球民族构成的变化。

3. 民族共同体自身的发展变化

随着一些新独立国家的诞生和发展，出现了不少新的民族成分。如第二次世界大战后的非洲即如此。与此相反，有的民族与其他民族结合或被同化，这也影响着世界民族构成的变化。此外，如民族矛盾、宗教冲突、种族差别、语言同化、政治上不平等、经济发展不平衡，以及外来侵略和挑拨等，都直接或间接地影响民族成分的变化。

世界民族是如何分类的

　　国际上多以语言谱系分类为基础来划分。全世界的语言分属17个语系。其中，属一洲独有的语系有10个：美洲一个，即印第安诸语；大洋洲两个，即澳大利亚诸语和巴布亚诸语；非洲3个，即尼罗—撒哈拉语系、尼日尔—科尔多凡语系和科伊桑语系；亚洲4个，即汉藏语系、南亚语系、达罗毗荼语系和古亚语系。属两洲跨界的语系有7个：亚、美一个，即爱斯基摩—阿留申语系；亚、大一个，即南岛语系；亚、非一个，即闪－含语系；亚、欧4个，即印欧语系、高加索语系、乌拉尔语系和阿尔泰语系。这是"地理大发现"以前的情况。随着近代移民的扩散，语言分布也发生较大变化。

　　印欧语系包括日耳曼、斯拉夫、罗曼、克尔特、伊朗、印度等10个语族，分布于世界各国，约有150个民族使用，使用人数最多。汉藏语系使用人数居第二位，包括汉、藏缅、壮侗、苗瑶等语族，分布在我国和东南亚等地。闪—含语系各族主要分布在西亚和北非。尼日尔—科尔多凡语系各族主要分布在非洲撒哈拉以南。高加索语系各族分布在高加索地区。达罗毗荼语系各族分布在印度南部。乌拉尔语系各族散居于从斯堪的纳维亚半岛到乌拉尔山一带。阿尔泰语系各族分布于从东北亚到小亚细亚的广大地区。南亚语系各族分布在中南半岛。南岛语系各族主要分布在太平洋各岛国。尼

罗—撒哈拉语系各族分布在苏丹地区。科伊桑语系各族分布在西南非。古亚语系各族分布在东北亚。爱斯基摩—阿留申语系各族分布在东北亚和北美北极圈内。印第安诸语各族分布在美洲大陆。澳大利亚诸语各族分布在澳大利亚。巴布亚诸语各族分布在伊里安岛。

亚洲地区居住有一千多个民族。他们在种族、语言、宗教、经济和文化生活上各有自己的特点,处于社会历史发展的不同阶段。就种族而言,亚洲民族多属蒙古人种,分布在东亚和东南亚。其次属欧罗巴人种的民族,主要分布在西亚和印巴次大陆。尼格罗人种与欧罗巴人种混合类型的民族,分布于印度南部以及阿拉伯半岛沿海地区。另外,在东南亚居民中还可以见到维达、美拉尼西亚和尼格利陀等种族类型以及蒙古人种与澳大利亚人种的混合类型。

亚洲民族的语言非常复杂。汉藏语系各族全部在亚洲,占亚洲人口的一半以上。南亚语系包括孟高棉和蒙达等语族。达罗毗荼语系各族,分布于印度中部、南部及斯里兰卡北部。印欧语系在亚洲有两个语族:印度语族和伊朗语族。在西亚,属于闪—含语系的主要是阿拉伯各族。阿尔泰语系各语族有突厥语族、蒙古语族和满—通古斯语族。高加索语系的民族在亚洲较少,主要分布于土耳其、伊朗和苏联境内。

欧洲各国的民族成分比较单一。大多数民族都是在各自民族国家的范围内形成的民族分布区域与国界大体一致或接近。只是在民族分布交界的地区,民族成分比较混杂。

印欧语系的日耳曼、罗曼和斯拉夫3大语族占欧洲民族的大部分,其余多属这一语系的克尔特语族、希腊语族、列托—立陶宛语族、阿尔巴尼亚语族和亚美尼亚语族。此外,还有一些民族语言,属于乌拉尔语系、阿尔泰语系和高加索语系各语族。

非洲大陆约占全球陆地面积的1/5，尼格罗人占非洲人口的多数，大多分布在撒哈拉沙漠和埃塞俄比亚高原以南。属于欧罗巴人种和黑白混血人种的居民，主要居住在北非、埃塞俄比亚高原和索马里半岛。马达加斯加岛东部的居民则具有蒙古人种的血统。近年来，欧洲移民人口明显下降。

非洲民族的语言分属4个语系：闪—含语系、尼日尔—科尔多凡语系、尼罗—撒哈拉语系和科伊桑语系。闪—含语系各族主要分布在北非和东北非。在撒哈拉以南，广泛分布着尼日尔—科尔多凡语系的各族居民，约占全非人口的一半。尼罗—撒哈拉语系，包括桑海语族、撒哈拉语族和沙里—尼罗语族。这一语系的居民主要分布在闪—含语系各族的东南地区，人口较少。使用科伊桑语系诸语言的是布须曼人和霍屯督人，生活在西南非洲的半沙漠地带。

美洲的民族除印第安各族外，多是近代才形成的。从15世纪末开始，欧洲移民陆续迁入，使美洲的民族构成发生了巨大变化，除了属于蒙古人种的印第安人，还有属于欧罗巴人种的欧洲移民，属于尼格罗人种的非洲"黑奴"后裔，以及不同种族互相通婚而形成的混合人种类型。从16世纪开始，经过近500年的重新组合，在美洲已形成了一系列使用印欧语的新兴民族。他们全是混血民族，只是在不同地区混入的种族成分有所不同。

现代美洲民族的语言主要属于印欧语系的两个语族：罗曼语族（西班牙语、葡萄牙语、法语）和日耳曼语族（英语）。

住在大洋洲的居民，主要是欧洲、美洲和亚洲的移民及其后裔。大洋洲各土著民族，多属澳大利亚人种以及各种混合类型。其语言多属南岛语系的波利尼西亚、美拉尼西亚和密克罗尼西亚3大语族，少数属澳大利亚诸语和巴布亚诸语。

语言地理篇

文化地理

帝言出理篇

语言的产生

　　语言的产生是指人们通过语言器官或手的活动把所要表达的思想说出或写出来，它包括说话和书写两种形式。语言产生的单位主要有：音素、音节、语素、词、短语、句子。

　　语言产生可以分为不同的阶段。如：构造阶段是根据目的确定要表达的思想；转化阶段是运用句法规则将思想转换成语言的形式；执行阶段是将语言形式的信息说出或写出。

　　语言为什么采用声音作为手段？声音不受白天黑夜的限制，优于视觉；语言传播的有效距离大于手势；语言采用声音作为手段，可以一边说话，一边劳动；手语、手势的速度赶不上声音。所以，声音作为语言的传播手段是人类进化的必然。

语言的特点

语言的特性有创造性、结构性、意义性、指代性和社会性与个体性。

语言的结构是音位、语素、词、句子。

语言的种类包括对话语言、独白语言、书面语言、内部语言。

就大脑来说，语言分"脑语"和"嘴语"，脑语就是我们时时在大脑里产生称作"思考"或"思想"或"思维"的东西，脑语被嘴表达出来就叫"嘴语"。脑语和嘴语并不是一个东西，第一，脑语和嘴语在表达时失真；第二，嘴语不是脑语的唯一表达方式，因为脑语还可以通过肌肉群来表达，这就是我们的行为。语言是一个人能力的重要表述部分。

语言的消失

据联合国教科文组织发布的《濒危语言图谱》，全世界有7000种语言，其中一半以上将在本世纪消失，80%～90%将在未来200年灭绝。平均每2个星期就有一种语言消失。据统计，世界80%的人讲83种主要语言，剩下六千多种语言绝大多数从没有过文字记载，没有字典、书，在任何图书馆或数据库都找不到它们的资料。一切信息只储存在人们的记忆里，因此尤其脆弱。

世界七大语系

19世纪，欧洲的比较学派研究了世界上近100种语言，发现有些语言的某些语音、词汇、语法规则之间有对应关系，有些相似之处，他们便把这些语文归为一类，称为同族语言；由于有的族与族之间又有些对应关系，又归在一起，称为同系语言，这就是所谓语言间的谱系关系。现在，世界上主要的语系有7大类：

印欧语系是最大的语系，下分印度、伊朗、日耳曼、拉丁、斯拉夫、波罗的海等语族。印度语族包括梵语、印地语、巴利语等。伊朗语族包括波斯语、阿富汗语等。日耳曼语族包括英语、德语、荷兰语、斯堪的纳维亚半岛各主要语言。拉丁语族包括法语、意大利语、西班牙语、葡萄牙语和罗马尼亚语。斯拉夫语族有俄语、保加利亚语、波兰语。波罗的海语族包括拉脱维亚语和立陶宛语。

汉藏语系下分汉语和藏缅、壮侗、苗瑶等语族，包括汉语、藏语、缅甸语、克伦语、壮语、苗语、瑶语等。

阿尔泰语系下分西阿尔泰语族、东阿尔泰语族。前者包括突厥诸语言以及苏联境内的楚瓦什语，后者包括蒙古语以及苏联境内的埃文基语。

闪—含语系又称亚非语系，下分闪语族和含语族。前者包括希伯来语、阿拉伯语等，后者包括古埃及语、豪萨语等。

德拉维达语系又称达罗毗荼语系。印度南部的语言都属于这一语系，包括比哈尔语、泰卢固语、泰米尔语、马拉亚兰语等。

高加索语系分布在高加索一带，主要的语言有格鲁吉亚语、车臣语等。

乌拉尔语系下分芬兰语族和乌戈尔语族。前者包括芬兰语、爱沙尼亚语等，后者包括匈牙利语、曼西语等。

此外还有一些语系，如非洲的尼日尔—刚果语系、沙里—尼罗语系（尼罗—撒哈拉语系）、科依散语系，美洲的爱斯基摩—阿留申语系以及一些印第安语系，大洋洲的马来—波利尼西亚语系和密克罗尼西亚语系（也有将两者合为南岛语系的），中南半岛的南亚语系。需要指出的是，世界上有些语言，从谱系上看，不属于任何语系，如日语、朝鲜语等，就是独立的语言。

还有一些语言至今系属不明，如分布于西班牙北部和法国西南部与西班牙接壤地区的巴斯克语以及古代两河流域使用的苏美尔语等。

那么，这些不同的语言和语系是怎样起源的呢？说同一语系语言的居民共同体又是怎样形成的呢？不同语系及其居民之间是否在远古彼此就有联系呢？全世界数十亿人所说的成千上万种语言是否有一个共同起源呢？这些问题在过去是无法准确回答的，也曾被视为科学的"禁区"。但是近二十多年来，随着分子生物学、人类群体遗传学和考古学、语言学的进展，我们终于看到了解开这些"世纪之谜"的希望的曙光。这是各门科学相互渗透，新的研究方法和研究手段不断进步的结果。

世界各国的语言

世界上使用人数超过 5000 万的语言有 14 种：汉、英、印度、俄、西班牙、德、日、法、印度尼西亚、葡萄牙、孟加拉、朝鲜、意大利和阿拉伯语。按被规定为官方语言或通用语言的国家数目来说，英语占第一位（约 44 国），法语第二（约 31 国），西班牙语第三（约 22 国）。

被定为联合国的正式语言有 6 种：阿拉伯语、汉语、英语、俄语、法语、西班牙语。全世界的民族大约有 2000 ~ 3000 个，超过百万人口以上的有 305 个，人口最多的民族是汉族、斯坦族、孟加拉族、俄罗斯族、大和族、巴西族等。

全世界民族语言共有三千多种，超过 1000 万使用的语言约 100 种。使用人口最多的是汉语、英语，其次是印地语、西班牙语、俄罗斯语、法语、德语、孟加拉语、阿拉伯语、葡萄牙语、日语、印度尼西亚语等。

据介绍，随着我国综合国力增强和国际地位提高，使用普通话的人越来越多。在联合国最近发表的《2005 年世界主要语种分布和应用力调查报告》上，汉语被排在第二位，仅次于英语，排在德语、法语、俄语、西班牙语、日语之前。

世界上使用最多的语言

1. 汉语

使用人口达 12 亿多，占全球人口 20% 以上。

2. 英语

使用人口达 5 亿多，但学习英语者至少在 10 亿人以上。

3. 印地语

使用人口 5 亿以上，主要是印度。

西班牙语使用人口 4 亿以上。

4. 俄语

使用人口 3 亿以上。

5. 阿拉伯语

使用人口 3 亿以上。

6. 孟加拉语

使用人口 2 亿以上。

7. 葡萄牙语

使用人口近 2 亿。

8. 法语

使用人口约 2 亿

9. 德语

使用人口超过 1.1 亿。

10. 日语

使用人口近 1.1 亿。

11. 意大利语

使用人口超过 7000 万。

我国的语言到底有几种

我国有 56 个民族，使用的语言却至少有八十多种，根据语言之间有无亲缘关系及亲缘关系之间的远近，可以将它们归属五大语系：汉藏语系、阿尔泰语系、南亚语系、南岛语系和印欧语系。

语系是有共同来源的诸语言的总称，语系之下依据语言的亲疏程度再细分为语族、语群、语支、语言、方言、土语等不同层次。在我国，大多数民族的语言界限和民族界限是一致的，即同一民族使用同一语言；但也有不一致的情况，有的民族使用一种以上的语言；还有的不同民族使用同一种语言。造成这种语言和民族不一致的情况主要和民族与民族之间的交往、融合有关。在我国的各民族中，汉族人口占绝大多数，分布最广，社会、经济、文化教育水平相对较高，因此以汉族为主体的多民族关系始终制约着各民族的语言关系，汉语也成为跨民族、跨地区的国家级通用语。汉语分布遍及全国各地，有许多地域变体——方言，包括北方话、吴语、赣语、客家话、湘语、闽语、粤语。世界语言约有 5000 种，但只有 140 种语言的使用人口超过 100 万，其中使用汉语的人数最多，约占世界人口的 1/5，所以汉语被联合国指定为 6 种工作语言之一。

源远流长的文字——汉字

我国的汉字是至今通行的世界上最古老的文字。世界上还没有任何一种文字像汉字这样青春常在，经久不衰。所以文化史家认为："汉字、汉语以其独特形式，风格千古相传"。世界上像汉字这样古老的文字，曾经还有两河流域的楔形文字，古埃及的圣书文和马雅人的图形文字。但楔形文字早在公元前4世纪就同波斯王国一起灭亡了。埃及古文字也在公元前5世纪灭绝了。马雅文字也仅在历史上存在了一千多年。世界上唯独我国的汉字和中华民族源远流长一样，至今仍通行于十多亿人口中。

我国的汉字，不仅是中国人使用的文字，而且影响于东方其他一些国家。大约自我国汉朝以后，朝鲜人曾长期把汉语和汉字当做自己的书面语。3世纪以后，日本也使用我国汉字。直到现在，日本文字中还常借用中国汉字，1979年日本规定的《常用汉字表》中尚保留了1926个汉字。我国南方的邻邦越南，也曾较长期地使用过汉字。至今，新加坡等地华裔尚用汉字。这都说明我国汉字是有很强的生命力的。现在，在联合国规定的6种工作语言中，汉语是其中一种。

我国汉字还有其他一些长处和优点。比如，它是"超方言"的文字，可以使用于我国许多不同语言地区。汉字又是世界上最主要的成为书法艺术品的文字，本身就具有巨大的美感。汉字每字代表一个音节，可以自由配合，构成优美的对偶和韵文，还可以构成一些特殊修辞方法，形成析字和字谜等。此外，汉字所包含的信息容量最大，有利于口译和计算机处理。总之，我国汉字是中华民族文明智慧的伟大表现。

文 化 地 理

宗教地理篇

什么是宗教

宗教是人类社会发展到一定历史阶段出现的一种文化现象，属于社会意识形态。主要特点为，相信现实世界之外存在着超自然的神秘力量或实体，该神秘统摄万物而拥有绝对权威、主宰自然进化、决定人世命运，从而使人对该神秘境产生敬畏及崇拜，并从而引申出信仰认知及仪式活动。在人类早期一些社会中，宗教承担了对世界的解释、司法审判、道德培养和心理安慰等功能。现代社会中，科学和司法已经从有些宗教分离出来，但是道德培养和心理安慰的功能还继续存在。

宗教产生的原因

宗教是人类社会发展到一定阶段的历史现象，它既不是从来就有的，也不是永恒的，而是有它发生、发展和消亡的过程。对于宗

教的起源和形成，只能从社会的物质生活条件和与此相适应的人类对自然和社会的认识水平方面，才能找到真正的原因。在人类的幼年时期，人类依靠植物果实等生活，他们的头脑很简单，不能对比较复杂的问题进行抽象的思维，因而还不可能产生宗教观念，也不可能有什么宗教信仰活动。

宗教观念的最初产生，反映了社会生产力水平极低情况下，原始人对自然现象的神秘感。这就是说，当人有了自我意识，并能把自然作为一种异己力量，在支配着人本身和人周围的一切事物，因而产生了最初的宗教观念。据有关考古史料证明，人类最早的宗教观念和宗教仪式出现在原始社会旧石器时代的中期、晚期。当时，原始人已经形成某种与死后生活相联系的灵魂观念，并产生了氏族成员埋葬死者尸体的仪式。

在原始氏族社会，人们不知道自己的身体构造，不懂得做梦的科学道理，认为梦境里的景象不是人身体的活动，而是独特于人身体外的灵魂活动。人活着，灵魂寄居于人身体之中；人死后，灵魂就可以离开人身体而单独活动，便产生了灵魂不死观念。后来，人们把这种灵魂观念扩大到他们所接触的自然界的万物，又产生了万物都有灵魂观念。人们面对纷繁复杂和变幻莫测的各种自然现象，觉得在自己周围的各种事物中都存在着超自然的力量，这种力量主宰或影响着自己的生活，进而把这种力量神秘化、人格化，作为神灵加以崇拜，并企图通过祈祷、祭礼、舞蹈、音乐等形式对其施加影响，使之给人类带来"恩赐"。

进入阶级社会以后，宗教得以存在和发展的最深刻的社会根源，就在于人们受这种社会的盲目的异己力量支配而无法摆脱，在于劳动者对剥削制度所造成的巨大苦难的恐惧和绝望，在于剥削阶级需要利用宗教作为麻醉和控制群众的重要精神手段。

随着人类社会生产力的不断发展，随着自然科学和社会科学的不断发展，人们逐渐认识了天体构造和运动的规律、地球起源和形成的规律、人类社会发展的规律等等，这就为近代自然科学和社会科学的建立和发展创造了条件。

世界三大宗教

基督教与伊斯兰教、佛教并称为世界三大宗教。基督教是世界上信仰人数最多的宗教，产生时间为1世纪上半叶。基督教形成于亚洲的西部，目前主要集中分布在欧洲、美洲和大洋洲。基督教是以信仰耶稣基督为救主的宗教。天主教、新教、东正教、基督教马龙派等等统称基督教——中文中"基督教"往往特指新教（又俗称"耶稣教"），三大教派（天主教、东正教和新教）和基督教马龙派的统称一般用"基督宗教"这个词。目前基督教在全世界有约21.4亿信徒，为拥有信徒最多的宗教，亚洲、非洲的信徒发展的最快。它的经典是《圣经》，特点是博爱，人人平等。

伊斯兰教是世界性的宗教之一，产生时间为6世纪，与佛教、基督教并称为世界三大宗教。中国旧称大食法、大食教度、天方教、清真教、回教等等。伊斯兰系阿拉伯语音译，原意为"顺从"、"和平"，指顺从和信仰宇宙独一的最高主宰安拉及其意志，以求得两世的和平与安宁。信奉伊斯兰教的人统称为"穆斯林"（意为"顺从者"）。7世纪初兴起于阿拉伯半岛，由麦加人穆罕默德创立，主要传播于亚洲、非洲，以西亚、北非、中亚、南亚次大陆和东南

亚最为盛行。它的经典是《古兰经》。

佛教是世界第三大宗教。佛教创始于公元前 6 世纪的古印度，创始人为乔达摩·悉达多。他出生在今天的尼泊尔境内，是释迦部落的王子。他 29 岁时开始修行，创立了佛教的教义。后来传入亚洲其他地区，现在主要分布在亚洲的东部和东南部。

基督教

基督教是以信仰耶稣基督为救世主的宗教。基督教、佛教、伊斯兰教是世界三大宗教。

基督教发源于公元 1 世纪巴勒斯坦的耶路撒冷地区。1～5 世纪基督教创立并从以色列传向希腊罗马文化区域。313 年，君士坦丁大帝颁布米兰诏书，基督教成为罗马帝国所允许的宗教。391 年，罗马皇帝狄奥多西一世宣布基督教为国教。

按照基督教经典的说法，基督教的创始人是耶稣，他 30 岁左右（公元 1 世纪 30 年代）开始在巴勒斯坦地区传教。

基督教主要包括天主教、东正教、新教三大派别，还包括宣称跟其他教会有着不同历史渊源和信念的基督教派。目前基督教在全世界有约 22 亿信徒，为拥有信徒最多，全球分布最广，对世界影响最深远的宗教，现在以亚洲、非洲的信徒的发展最快。尽管有三大教派，但是基本教义都是相同的。即上帝创世说、原罪救赎说、天堂地狱说。基督教基本经典是由《旧约全书》和《新约全书》两大部分构成的《圣经》。十字架是基督教的标志。他们信奉上帝，包括圣父、圣子、圣灵（圣神）三个位格。

基督教主要节日有圣诞节、受难节、复活节等。

伊斯兰教

"伊斯兰"是阿拉伯语的音译，意为顺服。在我国，也称回教或清真教、天方教。它是7世纪由阿拉伯半岛麦加人穆罕默德所创立的一神教，分布范围极广，在亚洲、非洲特别是西亚、北非和东南亚各地的广大地区及我国西北地区都很流行。

穆罕默德是伊斯兰教的创始人，生于麦加古代部落哈希姆家族。父母早亡，由祖父和伯父抚养。幼年放牧，并随伯父去巴勒斯坦、叙利亚等地经商。25岁受雇于麦加富孀赫蒂彻，为其经商，同年与她结婚，成为富者。受当时犹太教、基督教等宗教的影响，约610年在麦加开始创传伊斯兰教。自称是"安拉的使者"，是最后一位先知，号召信仰安拉为唯一的神，反对多神崇拜。他遭到当时信仰多神的古来氏部落贵族、商人的反对和迫害，信徒分批逃至埃塞俄比亚。

随着迫害的加剧，622年，他率领大批信徒逃至麦地那，在当地一些部落的支持下，建立了政教合一的宗教公社，并组织近卫军，在宗教、政治、经济、社会生活等方面制定了一整套规章制度，在此过程中不断与麦加贵族和麦地那的犹太教徒争战，630年攻下麦加。麦加贵族妥协，接受伊斯兰教，承认穆罕默德的权威。穆罕默德则承认麦加贵族在宗教和经济上的既得利益。

穆罕默德同时清除了克尔白石殿中的所有偶像，只保留一块黑石，并将克尔白石殿改为清真寺，成为伊斯兰教的朝拜中心。次年，阿拉伯半岛上的各部落纷纷派出代表团去麦地那，表示皈依伊斯兰教，整个半岛大体归于统一。632年，他率领10万穆斯林去麦加朝拜。同年6月8日穆罕默德患伤风病死于麦地那，并葬在该地。

《古兰经》是伊斯兰教的经典。"古兰"系阿拉伯语的音译，意为诵读。分"麦加篇章"和"麦地那篇章"两大部分，共30卷、114章、6200多节。内容包括：伊斯兰教的基本信仰、基本功课；对阿拉伯社会的各种主张和伦理规范；为政教合一的宗教公社确立的宗教、政治、经济、军事和法律制度；与多神教徒、犹太教徒、基督教徒论辩的记述。

《古兰经》由穆罕默德在23年的传教过程中以安拉"启示"为名陆续颁布，由其弟子默记或零散记录在兽皮、树叶、石板上。穆罕默德去世后，其继承人搜集整理、加工、订正、编纂，形成标准本，流传至今。

伊斯兰教主要经典《古兰经》是其立法、道德规范、思想学说等的主要依据。穆罕默德死后，由于政治、宗教和社会主张的分歧，教内形成各种教派，主要有逊尼和什叶两大派。在伊斯兰国家中，奉伊斯兰教为国教的有马来西亚、文莱等个国家。

清真寺是伊斯兰教徒举行宗教仪式、传授宗教知识的礼拜寺，也是阿拉伯建筑风格的主要体现。原先是有廊的露天大院，后才有寺院建筑。各国的清真寺结合地方建筑传统，各有特色，其祭坛都是背对着伊斯兰教圣地麦加的，使教徒做礼拜时都面向麦加跪拜。在信奉伊斯兰教的国家，特别是在阿拉伯国家，大小清真寺如同欧洲的教堂一样到处可见。世界著名的清真寺有麦加圣寺、麦地那的先知寺、耶路撒冷的艾格撒礼拜寺、开罗的艾资哈尔大寺、伊斯坦布尔的苏里曼大寺等。它们不仅以历史悠久、寺院宏大壮丽而闻名于世，同时也是建筑艺术中的精品，是各国游客的必游景观。

礼拜是伊斯兰教五项基本功课之一，是伊斯兰教徒面向麦加祈祷的宗教仪式。礼拜前要做小净。礼拜的动作有立站、诵经、鞠躬等。主要礼拜有：每日五次礼拜，分别在晨、晌、晡、昏、宵五个时辰内举行。每星期五举行一周的主礼拜，在正午后教徒集体举行一次主礼拜，所以这天休息，不工作。每逢朝圣节，世界各地成千上万的朝圣者涌向麦加，将圣地挤得水泄不通。各国航空公司为此专门安排了开往麦加的航班和包机，几乎班班客满。

伊斯兰教历三月十二日，相当于公历的1月底2月初，日期不固定，是伊斯兰教真主穆罕默德的诞生之日。开斋节是伊斯兰教的主要节日之一。伊斯兰教历十月一日为开斋节。每逢此节，穆斯林沐浴，盛装举行会礼，相互庆祝，并大吃美味佳肴。我国新疆地区称此节为肉孜节。古尔邦节，即伊斯兰教的献牲、宰牲节，也是伊斯兰教的主要节日之一。伊斯兰教历十二月十日为古尔邦节。此时，政府部门、各公共设施或服务设施等均不办公。

佛　教

佛教与基督教、伊斯兰教并称为世界三大宗教。相传为公元前6世纪至前5世纪由释迦牟尼创立。"释迦"为种族名；"牟尼"是尊称；"释迦牟尼"意为释迦的圣人，是佛教徒对他的尊称。据传他是古印度北部迦毗罗卫国净饭王的王子，属刹帝利种姓。幼年受

传统的婆罗门教育，29 岁时有感于人生的生、老、病、死之苦，又不满当时婆罗门教及其种姓制度，于是舍弃王族生活，出家修道。他拜访了一些名师，又修习了 6 年苦行，感到苦行不能达到解脱的目的，于是来到菩提伽耶的毕波罗树下静坐思维，最终获得"觉悟"。他以四谛、十二因缘等道理先向侍卫等 5 人说法，其后一直在印度北部、中部恒河流域传教，前后共 45 年，从而奠定了原始佛教的基本教义，并组成了传教的僧团。他的弟子据说有 500 人之多，其中著名的 10 人称为十大弟子。

释迦牟尼于 80 岁时逝世。释迦牟尼最初是被作为"觉悟者"看待的，尊之为佛，后逐渐被佛教徒神化。

佛教在印度的发展经过原始佛教、部派佛教、大乘佛教、大乘密教 4 个阶段。大乘佛教以前的佛教称为小乘佛教，9 世纪，佛教在印度本土渐趋衰微，至 13 世纪初归于消失，19 世纪后才稍有复兴。佛教从古印度向境外的传播始于公元前 3 世纪，后逐渐发展成为世界性的宗教。

传入中国大部分地区及朝鲜、日本等国的以大乘佛教为主，称北传佛教；传入斯里兰卡、缅甸、泰国、柬埔寨、老挝及中国傣族等地区的以小乘佛教为主，称南传佛教。19 世纪以来，佛教在欧美各国也逐渐流传。佛教在我国封建社会的意识形态中占有重要的地位，佛教思想对中国哲学、道学、文学、艺术及民间风俗都有一定影响。

佛教在泰国、缅甸、柬埔寨、老挝等东南亚国家曾被尊为国教。佛门中的出家人，创造了灿烂的佛教文化，如柬埔寨的吴哥艺术、我国的敦煌文化等。佛教寺庙大都修建精美，不仅是佛教徒聚会、烧香拜佛的宗教场所，也是世界建筑艺术宝库中独具一格的艺术珍品。在信奉佛教的许多国家，寺庙和佛塔已成为外国游客必不可少的参观游览地，也是旅游行程中的重头戏。

佛教也有庞大的专职神职人员队伍，男的为僧，即和尚，他们在寺庙中居住并从事宗教活动；女的称为尼姑，她们居住的地方叫庵。在东南亚信奉佛教的国家里，神职人员靠施舍或化缘为生；寺庙靠国家拨款和富豪捐款兴建，平时靠烧香拜佛的施主施舍，借以维持香火不断和繁荣的场面。

在信奉佛教的东南亚国家，至今仍保留着浓厚的佛教习俗。在缅甸、泰国，家长常将男孩子送入庙里出家几年，一方面表示对佛的虔诚，另一方面孩子可在僧人那里学习文化。在某些国家，如泰国，几乎每个男孩子都要经过这个阶段。信奉佛教的人如同信奉基督教的人一样，家里举办丧事要请和尚来念经，行举哀之礼仪。佛教也有许多戒规。佛教主张不杀生，因此僧尼以素食为本。信佛的人，也规定在一定的时间吃斋，遇上此日，屠宰场停止屠宰，市场上也不出售肉食。佛教还有许多忌讳，如不要随便抚摸小孩的头顶，坐着不要跷二郎腿等。

世界宗教圣地——耶路撒冷

耶路撒冷是巴勒斯坦地区中部城市，世界闻名的古城。相传公元前 10 世纪，以色列的大卫王曾在此筑城建都。耶路撒冷为巴勒斯坦最大城市，位于犹地亚山区顶部，海拔 790 米。它是古代宗教活动中心之一。犹太教、基督教和伊斯兰教，分别根据自己的宗教传说，都奉该城为圣地。城圈面积约 1 平方公里，划为 4 个区。东

部为穆斯林区，包括著名的神庙区，神庙区的圣地有摩哩山的岩顶（伊斯兰教、犹太教）及岩顶上的圣殿（伊斯兰教）、阿克萨清真寺、哭墙（犹太教）。西北部为基督教区，有基督教的圣墓教堂。西南部为亚美尼亚区。南部为犹太教区。城西南面的锡安山为犹太教又一重要圣地。城东的橄榄山有基督教与犹太教圣地。主要工业有金刚石琢磨、家具、制药、化学药剂、制鞋、铅笔、纺织与服装（斗篷）等。旅游（包括朝圣）业甚盛。自 1975 年起，耶路撒冷超过特拉维夫，成为以色列最大的城市。2006 年，耶路撒冷的面积为 126 平方千米，拥有人口 72.4 万人，这两项指标均居以色列和巴勒斯坦各城市之首。而且无论是犹太人数量还是非犹太人数量，都居以色列各城市的首位。

　　第二次世界大战后耶路撒冷曾由联合国管理，1948～1949 年以色列占领了耶路撒冷西部建立了新市区，约旦则占领城东旧区。1967 年第三次中东战争后，以色列占领了整个耶路撒冷。1980 年，以色列国会立法确定耶路撒冷是该国"永远的和不可分割的首都"。但是，大多数国家不承认耶路撒冷是以色列的首都，认为该市的最终地位尚未确定，有待以色列和巴勒斯坦双方谈判决定。多数国家都将大使馆设在特拉维夫。因此，今天耶路撒冷仍然是巴以冲突的中心。1988 年 11 月 15 日巴勒斯坦国宣布定都于此。市区面积 109 平方公里，大部在城圈以西。

耶路撒冷同时是犹太教、基督教和伊斯兰教三大亚伯拉罕宗教（或称"三大天启宗教"）的圣地。自从前 10 世纪，所罗门圣殿在耶路撒冷建成，耶路撒冷一直是犹太教信仰的中心和最神圣的城市，昔日圣殿的遗迹西墙，仍是犹太教最神圣的所在。基督徒也相当重视耶路撒冷，因为根据《圣经》记载，这里是耶稣受难、埋葬、复活、升天的地点。伊斯兰教也将耶路撒冷列为麦加、麦地那之后的第三圣地，以纪念穆罕默德的夜行登霄，并在圣殿山上建造了 2 座清真寺——阿克萨清真寺和圆顶清真寺来纪念这一事件。

今天的耶路撒冷，是一个对比强烈的城市，不同文化、不同宗教、不同民族、不同阶层社会，同处一城；城市的东西两部分更是截然不同，发展水平悬殊。老城雅法门以西的西耶路撒冷是现代以色列的核心地带（如果再继续向西数十千米，就是以特拉维夫为中心的沿海大都市区），而老城及其东、北、南三面的东耶路撒冷则以巴勒斯坦人为主。最特别的地方是面积只有 1 平方千米，被一圈城墙所围绕的耶路撒冷老城，其中又分为 4 个宗教与种族聚居区：犹太区、基督徒区、亚美尼亚区和穆斯林区。耶路撒冷最重要的也是引起重大争议的宗教圣地均位于此处，包括犹太教的西墙和圣殿山，穆斯林的圆顶清真寺和阿克萨清真寺以及基督徒的圣墓教堂和苦路。

伊斯兰教的第一圣地——麦加

麦加是伊斯兰教的第一圣地。它坐落在沙特阿拉伯西部赛拉特山区一条狭窄的山谷里，面积不到 26 平方公里。这里四周群山环抱，层峦起伏，景色壮丽。

伊斯兰教创始人穆罕默德于公元 570 年诞生在麦加，此后成为伊斯兰教中心和商业中心。1925 年归属沙特阿拉伯，现由穆罕默德后裔管理。第二次世界大战后，来麦加朝圣的穆斯林人数迅速增加，仅来自国外的即达 60～100 万人。主要圣地为该城中心的圣寺克尔白，郊区圣地有阿赖法特山、希拉山、索尔山与米那村等。

麦加城之所以世界闻名，是因为伊斯兰教在麦加城中心的大清真寺是穆斯林最神圣的地方。

"朝觐"是伊斯兰教为信徒所规定的必须遵守的基本制度之一，每一位有经济和有体力的成年穆斯林都负有朝拜麦加的宗教义务。所有穆斯林，无论是男是女，都会尽最大努力争取一生至少要前往麦加朝觐一次。

一千多年来，随着交通工具的日益发达，前往麦加朝觐的穆斯林逐年增多。1932 年沙特阿拉伯王国建立后，麦加被称为"宗教之都"，来此朝觐的人更加摩肩接踵，目前已经有 70 多个国家说着不同语言的穆斯林来到此地朝觐。每年在伊斯兰教历的第十二个月，数以百万计的穆斯林都会聚集在沙特的麦加，参加一年一度的朝觐。这些各种肤色、各个年龄段的穆斯林来自世界的每一个地方。朝圣期间，他们聚集在"圣城"麦加周围，一起祈祷，一起吃饭，一同学习。"麦加朝圣"是每年伊斯兰教最盛大的宗教活动。

麦加在穆斯林世界被誉为"诸城之母"。圣地只对穆斯林开放，非穆斯林一律谢绝入内。城中心的麦加大清真寺是伊斯兰教著名圣寺，是世界各国穆斯林去麦加朝觐礼拜的主要圣地。据《古兰经》经文，在此禁止凶杀、抢劫、械斗，因此这里也称禁寺。禁寺规模恢弘，经过几个世纪以来的扩建和修葺，总面积已经扩大到16万平方米，可容30万穆斯林同时做礼拜。

禁寺有精雕细刻的25道大门和7座高耸云端、高达92米的尖塔，24米高的围墙将门和尖塔连接起来。六塔分别耸立在三座主要大门两侧，第七座塔则与直径为35米的圆顶毗邻。禁寺从围墙、楼梯、台阶以及整个地面都用洁白大理石铺砌，骄阳之下光彩夺目，气势磅礴。入夜，在千百盏水银灯的照射下，禁寺显得格外肃穆、庄严。禁寺广场中央稍南，是巍峨的立方形圣殿克尔白。克尔白是阿拉伯文音译，意思是"方形房屋"。

圣殿又称天房，相传是公元前18世纪先知易卜拉欣和他的儿子伊斯梅尔监建而成的。天房高14米，内三根顶柱昂然挺立，其东北侧装有两扇金门，离地约2米，高3米，宽2米，是用286公斤的赤金精工铸造的。天房自上而下终年用黑丝绸帷幔蒙罩，帷幔中腰和门帘上用金银线绣有《古兰经》文，帷幔每年更换一次，据说这一传统已延续了一千三百多年。

天房外东南角，一米半高的墙上，镶嵌着一块30厘米长的带微红的褐色陨石，即有名的黑石，或称玄石，穆斯林视其为神物，相传当年穆罕默德曾亲吻过它。朝觐者游转天房经过此石时，都争先与之亲吻或举双手以示敬意。黑石因有裂缝，在1844年以银框把它镶嵌起来。天房东面正对黑石处，有个四柱圆顶小阁，四周围

有方形铜栅栏，阁中是传说中易卜拉欣建造天房时留有脚印之处。

据记载，克尔白早先是古阿拉伯多神教献祭的古殿，殿内竖有各种神的偶像，穆罕默德在公元 630 年攻占麦加，保存了克尔白，清除殿内外 360 万尊偶像，改为伊斯兰教朝拜的中心。每年伊斯兰教历十二月，来自世界各地的虔诚的穆斯林到麦加朝觐时，都要围着天房游转。麦加的其他圣地还有城东 20 公里的阿拉法特山、穆兹达利法和米纳等地，是朝觐者要站山诵经、射石（驱邪）活动之地。

麦加旧城称为"易卜拉欣洼地"的干涸河谷，自古就是繁荣的商业城镇。来自亚洲、非洲和地中海地区的商队全都汇集于此。这里集聚着带有中古特征的宗教建筑和宫殿，狭窄的街道两旁是古色古香的店铺，居民的服装、语言和习俗还保留某些穆罕默德时代的风貌。离旧城不远的新市区和这里完全不同，那里的高楼大厦、宽阔的马路和巨大的喷泉比比皆是，一派现代化都市的气息。麦加市区范围，过去一直局限于禁寺的附近，近几十年来，城市规模已迅速扩大到近 30 平方公里，人口也增至近 40 万。为了方便来自世界各地朝圣者的出入，世界最大的航空港——阿卜杜勒·阿齐兹国王国际机场，也已在麦加西北建成了。

7 亿穆斯林分散在世界各地，但他们有一个统一的精神中心，就是伊斯兰教的第一圣城——"先知"穆罕默德的诞生地——麦加。

伊斯兰教第二大圣地——麦地那

麦地那城是伊斯兰教的第二大圣地，地处沙特西部，北纬24.28°、东经39.36°，四面环山，海拔620米，系山区高原城市。该市面积50万平方公里，常住人口约50万。1月份气温11.6℃~22.9℃，8月份气温高达28.5℃~42.5℃，夏季酷热。麦地那行政上是麦地那地区的首府，麦加在其东南400余公里处，吉达在其正南424公里处。

麦地那是伊斯兰教先知穆罕默德创建伊斯兰教初期的政治、宗教活动中心，亦是其安葬地。围绕穆罕默德墓地建有清真古寺，称做"先知圣寺"（亦称为"圣寺"）。该寺地处麦地那市中心，与麦加城内的禁寺齐名，受到沙特阿拉伯历任国王和各届政府的特别重视，其建筑规模不断扩大，寺内可容纳四十余万穆斯林礼拜，寺外广场规模达45万平方米，可容近百万人礼拜。建筑宏伟壮观，夜间灯火辉煌，光照数十里之外。拜谒穆罕默德陵墓者日夜不断。每年赴麦加朝觐的人们绝大多数皆要到麦地那拜谒圣墓和早期穆斯林从事过圣战的先烈陵园。

麦地那市城区禁止非穆斯林进入。麦地那市环境优雅，市区建筑颇具规模，且整洁、宽敞，具现代都市气息。城郊地下水充足，盛产优质椰枣。该市房地产业发达，其商业活动季节性较强。城郊建有国际机场。麦地那市区的麦地那伊斯兰大学内有来自世界各地的穆斯林青年留学生就读。规模庞大的法赫德国王《古兰经》印制

机构也建在该市。

基督教圣地——伯利恒

伯利恒是巴勒斯坦中部城市。一个人口不多、面积不大，但却闻名世界的城市。它位于犹太山地顶部，耶路撒冷以南，海拔680米。传为耶稣降生地，是基督教圣地，建有耶稣诞生教堂，地位仅次于耶路撒冷的圣墓教堂，又有"拉结墓"，故亦为犹太教圣地。该城为最大的宗教纪念品生产中心，专门生产以橄榄木与珍珠贝为原料的圣物，还有刺绣工艺品，也是农产品市场与贸易中心。

伯利恒所以声名远扬，古老当然是因素之一。据史料记载，公元前3000年吉普赛人、赫提人就在此定居。该地最初取名贝特拉马，公元前1350年改用现名。此后，往返古叙利亚和埃及的商旅多在此中转休憩，以至渐成通衢闹市和兵家频争之地。

对于基督教来说，伯利恒有着非同一般的意义。据称，这里既是基督教创始人耶稣的诞生地，又是仅次于耶路撒冷复活教堂的又一圣地。该城最著名的基督教古迹是坐落于市中心马槽广场的圣诞教堂。它位于耶稣出生的马槽所在地伯利恒之星洞遗址之上，其使用权主要归属罗马天主教、希腊东正教和亚美尼亚东正教等基督教派。圣诞教堂始建于公元4世纪，公元529年毁于撒马利亚人起义。现在的圣诞教堂是在原址基础上重建的，并部分保持了原来的建筑风格。在过去的一千多年间，重建后的圣诞教堂屡遭战火洗劫，创痕累累。但是，随着时间的推移，教堂周围又增添了几个小教堂和修道院，建筑规模逐步扩大。

伯利恒之星洞是圣诞教堂中最具宗教和历史意义的部分。相传耶稣当年就出生在这个长13米、宽3米的地下岩洞中的一个泥马槽里。后来，泥马槽被人用银马槽所替代，再往后，银马槽又被换成了一个大理石圣坛，上面镶嵌着一枚空心的14角伯利恒银星以表示耶稣出生的具体位置，并镌刻着拉丁文铭文：圣母玛利亚在此生下基督耶稣。圣坛上空悬挂着15盏属于基督教各派并在不同时间点燃的银制油灯，昼夜不灭地映照着这块狭小却牵动10多亿基督徒的神圣角落。

此外，伯利恒还有其他一些基督教圣地，如耶稣到埃及避难前住过的乳洞、圣凯瑟琳教堂、十字军庭院、无辜婴儿墓穴和首先拥抱耶稣的牧羊人的田野等。

1967年第三次中东战争爆发后，以色列占领了伯利恒。1995年圣诞节前夕，根据巴勒斯坦同以色列达成的过渡自治协议，伯利恒回到了巴勒斯坦人的怀抱。自1999年年底开始，罗马天主教、希腊东正教等基督教主要流派先后按照各自的传统在伯利恒举行了隆重和盛大的圣诞庆祝活动。许多基督教东方教派的国家领导人也云集在此，使伯利恒出现了前所未有的喜庆与祥和气氛。

获得新生的伯利恒因其独特的宗教地位而带动了当地的经济发展，尤其加速了它从宗教圣地向旅游胜地的演进。据悉，目前每年到伯利恒朝圣和旅游的人数达二百多万，旅游及相关行业已上升为当地经济的支柱产业，从业人员约占就业人口的20%。

农业地理篇

文化地理

农业技术篇

什么是农业

农业是以有生命的动植物为主要劳动对象，以土地为基本生产资料，依靠生物的生长发育来取得动植物产品的社会生产部门。由于各国的国情不同，农业包括的范围也不同。狭义的农业仅指种植业或农作物栽培业；广义的农业包括种植业、林业、畜牧业、副业和渔业。有的经济发达国家，还包括为农业提供生产资料的前部门和农产品加工、储藏、运输、销售等后部门。现阶段，我国农业包括农业（农作物栽培，包括大田作物和园艺作物的生产）、林业（林木的培育和采伐）、牧业（畜禽饲养）、副业（采集野生植物、捕猎野兽以及农民家庭手工业生产）、渔业（水生动植物的采集、捕捞和养殖）。

农业有什么特点

农业是人类社会赖以生存的基本生活资料的来源，是社会分工和国民经济其他部门成为独立的生产部门的前提和进一步发展的基础，也是一切非生产部门存在和发展的基础。国民经济其他部门发展的规模和速度，都要受到农业生产力发展水平和农业劳动生产率高低的制约。

农业的根本特点是经济再生产与自然再生产交织在一起，受生物的生长繁育规律和自然条件的制约，具有强烈的季节性和地域性；生产时间与劳动时间不一致；生产周期长，资金周转慢；产品大多具有鲜活性，不便运输和储藏，单位产品的价值较低。我国幅员辽阔，从南到北跨热带、亚热带、温带和寒温带，农作物类型和作物栽培制度都不相同，从一年三季、一年二季到一年一季，区域间差异十分显著。按地理、气候条件和栽培制度的不同，可分为热带农业、亚热带农业、温带农业和寒温带农业；从东南沿海到西北高原，随着自然条件和资源类型的变化，又可分为农区农业、半农半牧区农业和牧区农业。

什么是热带农业

　　热带农业是指高温多雨、全年长夏无冬、水热资源丰富、植物生长繁茂的热带地区，以发展水稻、甘蔗等农作物和天然橡胶、可可、咖啡、油棕、剑麻、胡椒、椰子等多种热带经济作物，经济林木及热带水果为特色的农业。热带农业普遍具有作物生长季节长，种类及品种繁多，且富于热带性，四时宜农，水稻一年三熟，作物经济价值高等特点。世界热带农业主要集中分布于东南亚及南亚，南美洲的亚马逊河流域，非洲的刚果河流域及几内亚湾沿岸等地。因受社会经济、历史条件影响，上述地区除发展少数商品性热带种植园经济外，绝大部分地区仍以传统农业为主体，部分地区尚处于原始农业形态。

热带农业地区分布

　　世界上能够进行热带作物种植的土地面积约5亿多公顷，主要分布在亚洲、南美洲、非洲和大洋洲。世界主要热带作物有天然橡胶、油棕、椰子、木薯、胡椒、槟榔、香荚兰、咖啡、可可、香蕉、芒果、菠萝、番木瓜、油梨、腰果等多种。世界热带作物99%

61

以上分布在亚洲、拉美与加勒比海地区和非洲等发展中国家。

世界热带经济类作物、热带水果、热带香辛作物（胡椒、香草兰）等主要热带作物的主产区多分布在亚洲，咖啡、可可等热带饮料作物以拉丁美洲和非洲为主。

什么是温室农业

温室农业是指在人工保温设施中经营的农业，是大田的一种补充。温室农业分玻璃温室和塑料大棚两种，可以人工调节温度和湿度。主要用于蔬菜的超季节栽培，使冬春两季也能生产供应，在寒冷地区，利用温室农业技术也能获得多种农产品。在冰岛，以地热为热源，广泛发展温室农业，以获得在自然条件下无法栽培的蔬菜和果品。我国温室农业的栽培面积也在迅速发展，其热源主要是燃

煤。近些年在有地热资源的地方正在发展利用地热作为热源。利用地热水，必须注意尾水中有害元素对环境的污染问题。

什么是精准农业

精准农业是由信息技术支持的根据空间变异，定位、定时、定量地实施一整套现代化农事操作技术与管理的系统，其基本含义是根据作物生长的土壤性状，调节对作物的投入，即一方面查清田块内部的土壤性状与生产力空间变异，另一方面确定农作物的生产目标，进行定位的"系统诊断、优化配方、技术组装、科学管理"，调动土壤生产力，以最少的或最节省的投入达到同等收入或更高的收入，并改善环境，高效地利用各类农业资源，取得经济效益和环境效益。

它分别由 10 个系统组成，即全球定位系统、农田信息采集系统、农田遥感监测系统、农田地理信息系统、农业专家系统、智能化农机具系统、环境监测系统、系统集成、网络化管理系统和培训系统。其核心是建立一个完善的农田地理信息系统，可以说是信息技术与农业生产全面结合的一种新型农业。

什么是粗放农业

　　把一定量的劳动力、生产资料分散投入在较多的土地上，采用粗放简作的经营方式进行生产的农业。这种农业主要依靠数量较多的土地和自然肥力较高的土壤来获得农产品与增加产量。其农产品总产量的增长，主要通过扩大耕地面积的途径来实现。因粗放农业在单位土地面积上投入的活劳动和物化劳动很少，故产出很低。它是社会生产力水平低下的产物。一般在地多人少、边远偏僻、生产比较落后的地区，多采用粗放经营方式。如非洲的干旱和沙漠地区，中国的内蒙古、青海、西藏等干旱或高寒地区和云南、贵州等边远山区均为粗放农业。随着社会生产力水平的提高和科学技术的进步，粗放农业将逐步向集约农业转化。

什么是传统农业

　　传统农业是在自然经济条件下，采用人力、畜力、手工工具、铁器等为主的手工劳动方式，靠世代积累下来的传统经验发展，以自给自足的自然经济居主导地位的农业。是由粗放经营逐步转向精耕细作，由完全放牧转向舍饲或放牧与舍饲相结合，利用改造自然的能力和生产力水平等均较原始农业大有提高。传统农业的特点是精耕细作，农业部门结构较单一，生产规模较小，经营管理和生产技术仍较落后，抗御自然灾害能力差，农业生态系统功效低，商品经济较薄弱，基本上没有形成生产地域分工。传统农业从奴隶社会起，经封建社会一直到资本主义社会初期，甚至现在仍广泛存在于世界上许多经济不发达国家。

我国是一个历史悠久的农业古国，历来注重精耕细作，大量施用有机肥，兴修农田水利发展灌溉，实行轮作、复种，种植豆科作物和绿肥以及农牧结合等。在发展现代农业的同时，仍需保持和发扬中国传统农业特点，逐步走生态农业和现代农业道路，建设优质、高产、低耗的农业生态系统，提高农业生产水平。

什么是水田农业

在降雨和热量较丰富、灌溉水源较充足的地区，利用筑有田埂可经常蓄水的耕地，以种植水生作物为主的农业。一般以种植水稻为主，兼有水旱轮作方式。不同地区的水田农业，随气候条件和熟制不同而异。如中国湛江以南，雷州半岛、台湾和云南省南部地区，属热带气候（中热带、北热带），水稻可一年三熟；北纬34°以南，即秦岭、淮河以南地区，属亚热带气候（南、中、北亚热带），水稻可一年两熟，冬季可种油菜和麦类等；北纬40°和长城以南，西到新疆南部地区，属南温带气候，作物一年二熟或二年三熟，多为单季稻加冬小麦或两季旱作物；南温带以北到黑龙江北纬

50°以南，内蒙古、甘肃北部，新疆的北疆大部地区，属中温带和北温带气候，作物一年一熟，只能栽培单季稻。

什么是旱地农业

在中国又称旱作农业（简称"旱农"），在国外称"雨养农业"或"雨育农业"。指在降水稀少又无灌溉条件的干旱、半干旱和半湿润易旱地区，主要依靠天然降水和采取一系列旱作农业技术措施，以发展旱生或抗旱、耐旱的农作物为主的农业。旱地农业多集中于气候干旱，地多水少，地表水资源不足，地下水资源短缺的平原地区和地形起伏、地表破碎、远离水源的丘陵山地区。我国是世界上旱地农业发展历史最久的国家之一，旱地农业主要分布于秦岭、淮河一线以北的广大北方地区，次为南方丘陵山地区。在长期的生产发展过程中，各地区积累了抗旱耕作、抗旱栽培、抗旱保墒、合理轮耕、精耕细作、用地养地、农牧结合等许多丰富经验。

什么是灌溉农业

第一，泛指以水浇田的农业。主要通过各种农田水利灌溉设施，满足农作物对水分的需要，调节土地温度、湿度和土壤空气、养分，提高土地生产能力。它是一种稳产高产的农业，故遍布世界各地，特别是在大江大河两岸，如北美洲的密西西比河、南美洲的亚马孙河、亚洲的长江、非洲的尼罗河流域，都发展了灌溉农业。我国的灌溉农业，自古以来就很发达。早在战国初期，即兴修都江堰水利工程，使成都平原的大片农田得到灌溉，至今仍在发挥效益；第二，特指在降水量极少的干旱、半干旱地区，完全依靠人工灌溉才能存在的农业。

什么是绿洲农业

又称绿洲灌溉农业和沃洲农业。指分布于干旱荒漠地区有水源灌溉的地方的农业。有新老之分。老绿洲农业一般分布于干旱荒漠地区河、湖沿岸，山麓地带与冲积扇地下水出露的地方。新绿洲农

业是随着社会生产力发展和水利条件的改善，在干旱荒漠地区宜农地资源较丰富、开发利用条件较优越的地方开辟的新垦区。世界绿洲农业主要分布于西亚、美国的中西部地区、苏联的中亚地区、非洲的撒哈拉及北非地区、我国的新疆和甘肃河西走廊等地。各绿洲的大小不一，多呈孤岛状、带状或串珠状分布。主要种植小麦、玉米、棉花和少量水稻等作物，并植树造林和建设农村聚落。它与四周戈壁、沙漠景观截然不同，犹如沙漠中的绿色岛屿，为干旱荒漠地区农牧业生产较发达和人口集中的地方。

什么是立体农业

　　广义指根据各种动物、植物、微生物的特性及其对外界生长环境要求各异的特点，在同一单位面积的土地或水域等空间，最大限度地实行种植、栽培、养殖等多层次、多级利用的一种综合农业生产方式。如水田、旱地、水体、基塘、菜园、花园、庭院的立体种养等；林地的株间、行间混交和带状、块状混交等；水体的混养、层养、套养、兼养等均属之。以中国珠江三角洲的桑基、果基、蔗基鱼塘等为典型，具有多层次、多级利用的特点。狭义指地势起伏的高海拔山地、高原地区，农、林、牧业等随自然条件的垂直地带分异，按一定规律由低到高相应呈现多层性、多级利用的垂直变化和立体生产布局特点的一种农业。如中国云南、四川西部和青藏高原等地的立体农业均甚突出。这里种植业一般多分布于谷地和谷坡，山地为天然林，间有草地，林线之上为天然草场，具有规律性显著、层次分明的特点。

世界粮食生产布局

1. 小麦的分布

小麦是全世界分布范围最广、种植面积最大、产量最高、贸易额最多的粮食作物之一，世界上约有40%的人以小麦为主食。小麦在世界范围内的生产分布极为广泛，从各大洲的情况看，产地主要集中在欧洲、北美和亚洲，种植小麦的国家也很多，但产量主要集中在中国、印度、美国、俄罗斯、法国、加拿大、德国和澳大利亚等国。

总的来看，世界小麦生产相对集中，主要在亚洲和美国、俄罗斯、法国和加拿大等国家，同时，这些发达国家还是主要的出口国，世界小麦的出口也相对集中。相反，小麦的消费和进口国就比较分散。

2. 水稻的分布

稻谷生长对水、气、土条件有较严格的要求，其产地虽遍及各大洲，但主要分布在温带和热带季风区以及

热带雨林气候区。目前，以亚洲季风区，特别是东亚、东南亚和南亚最集中。亚洲占世界稻谷播备战面积和产量的 9/10 以上，且多数国家的单产水平较高，尤以日本、中国为最；越南是近几年稻米生产发展较快的国家，目前已成为世界主要的大米出口国。其他各洲中，美洲主要集中在巴西和美国，但两国单产量水平相去甚远；埃及、马达加斯加是非洲产稻米最多的国家。

3. 玉米的分布

玉米是世界上分布最广的作物之一，从北纬 58 度到南纬 35° ~ 40°的地区均有大量栽培。北美洲种植面积最大，亚洲、非洲和拉丁美洲次之。种植面积最大、总产量最多的国家依次是美国、中国、巴西、墨西哥。从栽培面积和总产量看，玉米仅次于小麦和水稻居第三位。

4. 大豆的分布

美国是目前世界上最大的大豆生产国，巴西、阿根廷、中国的大豆产量居于世界第 2、3、4 位。我国种植的全部为非转基因大豆，北美和南美大豆是转基因大豆。我国大豆的最主要产地是黑龙江。

什么是商品粮基地

商品粮基地又称粮食生产基地。指历来以粮食生产为主，粮食商品率较高，能稳定地向区外提供大量余粮的农业生产地区。一般应具备以下条件：第一，粮食生产条件较好，高产稳产农田比重较大，余粮较多；第二，人均占有粮食数量多，商品率高，增产潜力大，且投资少而见效快的地区；第三，粮食生产集中连片，自然条件和生产条件基本类似，便于统一规划、建设和布局生产；第四，以粮食生产为中心，粮食生产用地与经济作物和其他作物生产用地矛盾不大，交通运输方便。按粮食产品供应范围及其重要性，商品粮基地大致分为全国性和地区性两类。在我国，前者如黑龙江和吉林中部的松嫩平原及黑龙江的三江平原，湖南洞庭湖平原，湖北江汉平原，四川成都平原，广东珠江三角洲，苏浙太湖平原，苏皖江淮地区，江西鄱阳湖平原等。后者如辽宁盘锦垦区，内蒙古的大青山南北，河北石家庄地区，山西汾河谷地，山东胶东地区，河南豫北平原，江苏的里下河地区，浙江金衢盆地，安徽皖中平原，福建的建阳和龙溪地区，湖北的襄北地区，湖南的湘南地区，广西的南宁、钦州地区，云南中部坝子，四川的长江谷地，青海的湟水谷地和柴达木盆地，甘肃的河西走廊，宁夏河套平原，新疆的伊犁河谷地和天山北麓平原，西藏的雅鲁藏布江谷地等。

什么是经济作物

经济作物又称技术作物、工业原料作物。指具有某种特定经济用途的农作物。按其用途分为：纤维作物（棉花、麻类、蚕桑）、油料作物（花生、油菜、芝麻、大豆、向日葵等）、糖料作物（甜菜、甘蔗）、饮料作物（茶叶、咖啡、可可）、嗜好作物（烟叶）、药用作物（人参、贝母等）、热带作物（橡胶、椰子、油棕、剑

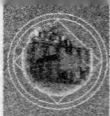

麻）。

广义还包括蔬菜、瓜果、花卉等园艺作物。经济作物具有地域性强、技术性高、经济价值大和商品率高的特点，对自然条件要求较严格，宜于集中进行专门化生产。世界上一些主要经济作物如棉花、甜菜、甘蔗、麻类及热带、亚热带经济作物的集中化与专门化程度均较高。

世界主要经济作物生产布局

1. 棉花的分布

目前，世界棉花生产形成了相对集中的 4 大棉区，并且分布在地球上 3 个产棉带。第一产棉区在亚洲大陆南半部，包括中国、印度、巴基斯坦、中亚、外高加索和部分西亚国家，其棉花产量约占世界棉花总产量的 50% 以上；第二产棉区位于美国南部，第二产棉区生产的棉花约占世界棉花总产量的 20% 以上，是世界棉花的最大出口区；第三产棉区地处拉丁美洲，其棉花产量约占世界总产量 10%；第四产棉区是非洲，这是世界高品级长绒棉的主产区。若按纬度和收花期划分，世界棉花生产则形成北、中、南 3 个地理分布带。其中，北带在北纬 47°~20°，收花期为每年 9~10 月，中国、美国、乌兹别克斯坦、巴基斯坦以及印度的北部棉区都位于此；中带在北纬 20°~0°，收花期为每年 1~4 月，包括中美洲和南美洲北部、非洲中西部地区、印度中部与南部棉区及众多的中小产棉国；南带在 0°~南纬 32°，收花期为每年 5~8 月，覆盖南美洲南部、非洲南部、太平洋地区和澳大利亚。

2. 甜菜集中产区

甜菜大面积集中分布的地区。甜菜是中温带地区的主要糖料作物，具有耐寒、耐旱、耐盐碱的特性，是抗逆性强、适应性广的作物。它要求温凉的气候，在整个生长期内（5~10月）需要年≥5℃积温2400℃~3100℃，并能耐－3℃~－4℃低温，成熟期需较大的日温较差（一般在10℃~14℃），以利糖分积累，并要求种于深厚、疏松、肥沃的土壤；全生育期内降水量400~600毫米，日照时数不少于1100小时。通常在自然条件适宜、土地资源较多、劳动力充裕、有种植习惯，以及交通运输方便、可就地生产加工的地区形成甜菜集中产区。甜菜集中生产，有利于加强技术指导和管理，提高单位面积产量和含糖量，并可同制糖业紧密结合，减少不合理运输和损耗，降低生产成本。世界甜菜集中产区主要分布在东欧平原、西北欧地区。其中苏联占世界甜菜种植面积的40%强，产量占25%~30%。我国甜菜集中产区主要分布在东北平原、内蒙古河套灌区和新疆等地。

3. 甘蔗集中产区

甘蔗种植面积大、蔗田比较集中的地区。甘蔗对热量、水分要求严格，技术性较强，商品率较高，在地区分布上有明显的地带性，并形成相对集中的分布区。甘蔗集中产区一般应具备两个条件：①生态环境适宜，整个生育期内（10~12个月）需日平均气

温 18℃～30℃，≥10℃积温 5500℃～6500℃；如日平均气温＜10℃则停止生长（冬季极端最低气温＜0℃易受冻害）。通常要求种植于日照充足、雨量丰富、土层深厚肥沃的地区。②社会经济条件优越，当地群众种蔗技术经验丰富，加工生产基础较好，粮食生产有保证。甘蔗集中种植有利于加强统一管理，提高产量和含糖量。世界甘蔗集中产区分布于亚洲和南、北美洲的南北回归线（22°30′）间地区。以巴西和印度最集中（约占世界甘蔗产量的40%），其次是古巴、中国、墨西哥、巴基斯坦等。中国甘蔗集中产区为：珠江三角洲、湛江与海南、广西、闽东南、云南、四川盆地及台湾省。其中粤、琼、桂、川、滇、闽6省区约占中国甘蔗种植面积和产量的90%（不包括台湾省在内）。

4. 油料集中产区

油料作物生产与分布较集中的地区。油料作物种类繁多，包括花生、油菜、向日葵、芝麻、胡麻等草本油料，油茶、油棕、椰子、油橄榄、腰果、文冠果等木本油料，以及一些粮豆作物和纤维作物与野生植物的种子。油料作物生产具有区域性强、纬度地带分布较明显的特点，在世界范围内从北温带的胡麻、中温带的向日葵、暖温带的花生与芝麻、亚热带的油菜、油茶、油橄榄到热带的油棕、椰子和腰果等，在自然条件适宜，有传统种植与消费习惯，油料加工业配套的地区，形成集中产区。如东欧及西北欧的向日葵，东亚、南亚、美国及西非的花生，东南亚及中西非的油棕等。中国油料作物以花生、油菜及芝麻种植面积最大，地区分布最广。其中花生集中产于山东半岛，辽东半岛和辽西走廊，冀东滦河下游的丘陵及沿河沙土地，华南的闽、粤、桂、台丘陵及沿海地区。油菜集中分布于长江中下游，西南地区的冲积平原、山间盆地及低山丘陵区。芝麻集中产区为淮河流域，汉水流域及江汉平原，江西的鄱阳湖滨及赣江下游地区。

5. 饮料作物的分布

饮料作物包括咖啡、可可；药材有砂仁、巴戟、槟榔、三七等。饮料作物对热量条件要求较高，在年绝对低温多年平均值0℃以上、全年基本无霜冻、≥10℃积温7000℃～7500℃以上、年降水量1000毫米以上地区才能正常生长。

世界热带饮料作物主要分布在东南亚及南亚地区、中西非的大西洋沿岸各国、南美洲的亚马逊河流域。中国的台湾省南部和海南省、云南省西双版纳及河口地区、两广南部、闽南沿海一带，均适宜饮料作物生长。主要出口到北美欧洲等地区。

6. 天然橡胶的分布

世界天然橡胶的产地主要集中在泰国、印尼、马来西亚、中国、印度、斯里兰卡等少数亚洲国家和尼日利亚等少数非洲国家，其中泰国、印度尼西亚、马来西亚，三国产量占世界总产的69%左右。我国产地则主要分布在海南、云南、广东、广西和福建等地区，其中，海南、云南的天然橡胶总产量约占全国总产量的60%和35%。

7. 烟草的分布

烟草在世界上分布很广。就世界范围来看，烟草是一种流通性极为广泛的商品。正像世界各地居住着各种肤色的人一样，世界各地生产的烟叶种类也是各种各样，而且它们各自反映了本国的特色。全世界汇集起来的烟草形成了一个真正具有国际色彩的烟草市场。烟草的产地以亚洲为中心，遍及了南美洲、北美洲、非洲及东欧的广大地区。

什么是农业旅游

农业旅游是把农业与旅游业结合在一起，利用农业景观和农村空间吸引游客前来观赏、游览、品尝、休闲、体验、购物的一种新型农业经营形态，即以农、林、牧、副、渔等广泛的农业资源为基础开发旅游产品，并为游客提供特色服务的旅游业的统称，也称观光农业、旅游农业、乡村旅游等。

农业旅游主要是为那些不了解农业、不熟悉农村，或者回农村寻根，渴望在节假日到郊外观光、旅游、度假的城市居民服务的，其目标市场主要是城市居民。农业旅游的发展，不仅可以丰富城乡人民的精神生活，优化投资环境等，而且达到了农业生态、经济和社会效益的有机统一。

具体来讲，发展农业旅游有以下作用：第一，有利于拓展旅游空间，满足人们回归大自然的愿望。随着收入的增加，人们不再仅仅满足于衣食住行，而转向追求精神享受，观光、旅游、度假活动增加，外出旅游者和出行次数越来越多。一些传统的风景名胜、人文景观在旅游旺季，往往人满为患，人声噪杂。农业旅游的出现，迎合了久居大城市的人们对宁静、清新环境和回归大自然的渴求。第二，有利于实现农业的高产高效等目标。利用农业和农村空间发展旅游农业，有助于扩大农业经营范围，促进农用土地、劳动力、资金等生产要素的合理调整，提高土地生产率和劳动生产率；同时又可以农业旅游为龙头，带动餐饮、交通运输、农产品加工等行业

的发展，增加农业生产的附加值。第三，有利于改善农业生态环境。农业旅游为招徕游客，除了在景点范围内营造优美的农业生态环境和农业景观场所外，必须绿化、美化周围地区的田园和道路，维护农业与农村自然景观，改善城乡环境质量。

农业旅游有什么特点

开发农业旅游，要坚持以农业为基础，利用农业、农村资源，兴办休闲旅游事业，然后逐步过渡到旅、农、工、贸综合发展，从而在农村这片广阔的地域上寻找并创造出城市旅游点无法与之媲美的农业旅游景观特色。根据系统设计的指导思想，为了在农业旅游

系统中建立不同门类的子系统，从而建设各具特色、内容多样、轻松愉快的不同农业旅游模式，需要研究农业旅游的基本特点。

一般认为农业旅游具有以下基本特点：第一，农业特性。旅游农业是在农业生产的基础上开发其旅游功能的，旅游农业的引人入胜主要是优美的田园风光。在开发旅游功能的过程中，可能局部地改变原来的农业生产结构，但农业生产仍是旅游农业的主要方面，所以要防止旅游农业的过度开发，避免破坏基本农田保护区等。第二，生态特性。农业旅游的发展目标之一是调整人和自然，经济发展与生态环境之间的矛盾。农业旅游的兴旺也要得益于宁静优美的生态环境、天然的自然景观以及纯朴的乡村生活方式、民族文化等。因此，在开发建设农业旅游过程中，尽可能不破坏原来的自然生态环境，减少人工作用，促进农业生态系统良性循环。第三，娱乐特性。农业旅游除了具有优美的生态环境外，还应具有一定程度的娱乐性，否则也不能吸引大量的游客。娱乐性主要体现在观光、农业体验、民俗活动和自然探险等富有农村农业和自然风光特色的游乐活动中，而人工游乐设施则适可而止。

农业旅游的发展模式有哪些

综观目前国外农业旅游的发展情况，根据农业旅游的性质、定位、经营等方面的特点，农业旅游发展模式主要可分为三大类：

1. 传统观光型农业旅游

主要以不为都市人所熟悉的农业生产过程为卖点，在城市近郊或风景区附近开辟特色果园、菜园、茶园、花圃等，让游客入内摘果、拔菜、赏花、采茶，享尽田园乐趣。如法国农村的葡萄园和酿酒作坊，游客不仅可以参观和参与酿造葡萄酒的全过程，而且还可以在作坊里品尝，并可以将自己酿好的酒带走，向亲朋好友炫耀，其乐趣当然与在商场购买酒不一样。可以每年以春天的插秧、秋天的收割为契机，组织都市人去农村体验农民的生活，使都市人直接享受大自然的恩赐。

2. 都市科技型农业旅游

以高科技为重要特征，在城内小区和郊区建立小型的农、林、牧生产基地，既可以为城市提供部分时鲜农产品，又可以取得一部分观光收入，兼顾了农业生产与科普教育功能。如新加坡兴建了10个农业科技公园，在公园里不仅合理地安排了作物种植，而且还精心布局一些名优花卉，观赏鱼，珍稀动物的观赏，名贵蔬菜和水果的生产，同时也相应建有娱乐场所，养鱼池由纵横交错的水道组成，并配有循环处理系统。菜园由新颖别致的栽培池组成，由计算机控制养分，游人漫步其中不仅可以心旷神怡，还可以大饱口福，真是如同生活在仙境之中。

3. 休闲度假型农业旅游

主要是利用不同的农业资源，如森林、牧场、果园等，吸引游客前去度假，开展农业体验、自然生态领略、垂钓、野味品尝，住宿、度假、游乐等各种观光、休闲度假旅游活动。如澳大利亚人则常于周末或假日，自己驾车，带上小孩，选一个离家不远的牧场小住几天，大人可以放松一下身心，而孩子们则可了解都市里无法见识的牧场生活。而美国的庄园主在苹果、梨子、葡萄、西瓜之类的瓜果快熟的时候，就在报刊上登广告，招揽游客去农场摘水果度假，城里的人热烈响应，纷纷根据广告上的示意地图开车前往，水

果随便吃，累了可以在树下草地休息，呼吸新鲜空气，聆听鸟儿的歌唱，直到太阳西斜，人们还可以在农舍小住一夜，品尝农庄主人准备的别有格调的晚餐，享受到一个别致的假期。

什么是农田生态系统

　　农田生态系统是人工建立的生态系统，其主要特点是人的作用非常关键，人们种植的各种农作物是这一生态系统的主要成员。农田中的动植物种类较少，群落的结构单一。人们必须不断地从事播种、施肥、灌溉、除草和治虫等活动，才能够使农田生态系统朝着对人有益的方向发展。因此，可以说农田生态系统是在一定程度上受人工控制的生态系统。一旦人的作用消失，农田生态系统就会很快退化；占优势地位的作物就会被杂草和其他植物所取代。

　　农田生态系统是以作物为中心的农田中，生物群落与其生态环境间在能量和物质交换及其相互作用上所构成的一种生态系统，是农业生态系统中的一个主要亚系统。农田生态系统由农田内的生物群落和光、二氧化碳、水、土壤、无机养分等非生物要素所构成，这样的具有力学结构和功能的系统，称为农田生态系统。与陆地自然生态系统的主要区别是：系统中的生物群落结构较简单，优势群落往往只有一种或数种作物；伴生生物为杂草、昆虫、土壤微生物、鼠、鸟及少量其他小动物；大部分经济产品随收获而移出系统，留给残渣食物链的较少；养分循环主要靠系统外投入而保持平衡。农田生态系统的稳定有赖于一系列耕作栽培措施的人工养地，在相似

的自然条件下，土地生产力远高于自然生态系统。

什么是农业地带

　　农业地带是面积比较广阔且与生物气候带相适应的农业生产地域。地带内具有类似的自然条件（主要是水热条件）和农业生产特征，是反映大范围内农业生产分布规律的地域单元，并为农业生产地带性差异和农业生产地域分异的一种表现形式。大范围的农业地域分异具有明显的纬度地带性。从高纬度向低纬度农作物分布的变化规律是：喜凉作物（如燕麦、黑麦）→中温作物（如玉米、高粱等）→喜温作物（如棉花、水稻等）；农作物的熟制变化规律是：一年一熟→二年三熟→一年二熟→一年三熟。农业地带因受自然因素和人类农业活动影响，其内容和界线划分与自然地带不同，

它主要着眼于大范围的自然差异和农业生产特征，其划分方法有二：一按集约化程度高低划分，称为自然农业地带；另一按专业化（专门化）程度高低划分，称为农业专门化地带。前者如苏联学者拉基特尼科夫根据农业集约化程度和农业商品产品构成指标，将苏联划分为 25 个农业地带，它们大致同按生物气候指标划分的自然地带相适应，故称做自然—农业地带。自北而南大致有：北方养鹿（驯鹿）—狩猎地带，欧洲北部与西伯利亚—农业地带，北方乳用养畜业地带，西北部亚麻、马铃薯、谷物及发达的乳用养畜业地带，西部甜菜、谷物及乳—肉用养畜业地带，西南部谷物、向日葵、其他经济作物及乳—肉用养畜业地带，西伯利亚谷物—乳品地带，南方植棉业地带，亚热带多年生作物地带等。后者在商品性生产高度发展的条件下，反映人类充分利用农业自然资源、自然条件和社会经济条件而发展形成的农业地带，如美国划分为北部玉米带、小麦带、南部棉花带、东北部滨湖乳业带、加利福尼亚州和墨西哥湾沿岸水果—蔬菜带。农业地带包含若干农业区，内容复杂，属于大范围内的宏观农业布局研究，可为国家和大地区发展农业生产提供科学依据。

什么是畜牧业

畜牧业是从事动物饲养繁殖和动物产品的生产加工流通的产业。经营种类多、范围广，包括牛、马、驴、骡、骆驼、猪、羊、鸡、鸭、鹅、鸵鸟、鹌鹑、兔等家畜禽饲养和鹿、麝、狐狸、貂等经济兽类的驯养业以及养蜂业等。

发展畜牧业，能合理利用农业自然资源（农副产品和草、树叶等），为人类提供生活所需要的肉、蛋、奶等副食品，为轻工业提供皮、毛、羽等原料，为农村提供役畜力，增加农家有机肥料，同时可充分利用家庭剩余劳动力，积累资本，增加收入。对于促进农业、农村可持续发展和保障粮食安全都有重要意义。

畜牧业是如何分类的

从全球畜牧业生产制度看，大体分三类：

（1）放牧型。世界草地面积 31.5 亿公顷，占陆地总面积 24%，为耕地的 1.2 倍，分布地以非洲、亚洲和拉丁美洲为主。经营一般较为粗放，致使草地资源退化。在一些半干旱地区逐步向集约化和农牧结合的混合农作制发展。其肉奶产量约占世界 10%。

（2）农牧结合的混合农作制。充分利用谷物和农副产品加工业的优势，饲养畜牧业，实行农牧结合经营。发展中国家则以自给性家庭经营为主，但逐步向专业化、规模化发展，提供较多的畜产品。

（3）城郊生产制（商品化、工厂化生产）。由于城市化发展，对畜产品消费需求迅速增长，日益向集约化、工厂化生产制进展，并开展区域协作，农牧结合、产供销一体化经营，能更好提供肉、奶、蛋产品，保障供应市民需要。

从全球畜群结构看，大体分 6 种类型：

（1）养牛主导型。如拉美的哥伦比亚、巴西、阿根廷、委内瑞拉、墨西哥等为代表，印度是养牛最多的国家，但受宗教影响，不屠宰牛。

（2）养羊主导型。如澳大利亚、新西兰、蒙古和土耳其为代表，羊的头数一般占牲畜存栏数的一半以上。

（3）养猪主导型，如日本、丹麦、匈牙利和中国等为代表，猪的头数一般占畜生存栏数的60%以上。

（4）牛、羊并重型。如埃及、智利、南非等为代表，牛占牲畜存栏数的1/2，羊占牲畜存栏数的40%以上。

（5）牛、猪并重型。如美国和加拿大为代表，牛猪约各占一半。

（6）牛、羊、猪并重型。如意大利、英国、法国等，一般牛、羊、猪各占1/3。

什么是畜牧业地域类型

畜牧业地域类型是在一定的历史发展过程中，一定的生产力水平下，具有类似的畜牧业生产条件、特点、方向的牧业经营单元或地域单元的组合。同一类型的各单元具有共同的性质、作用和内在联系。它是人们在长期利用自然资源，改造自然环境，发展畜牧业生产过程中逐渐形成的，故具有一定的稳定性。它是畜牧业地理研究的重要内容之一。主要研究畜牧业产生和发展的自然条件、经济条件、技术条件；历史演变过程和规律，与农业其他各部门的关系，与其他地区畜牧业的相似性和差异性；畜牧业的地域结构、分布范围、经营方式、现状特点，在国家和地区经济中的地位和作用；存在的问题及其原因、生产潜力、远景预测；发展方向、途径、措施，可为进行地区资源开发，定向改善畜牧业的生产条件，搞好畜牧业生产布局提供科学依据。

畜牧业地域类型研究是进行畜牧业区划与布局，制定大农业发展规划的一项基础性工作。其类型划分，主要依据单位面积草地的生产能力、生产专业化方向，主要畜产品的商品率等内在特征，以及每百亩草原上平均放牧的牲畜头数、主要牲畜头数占牲畜总头数的比重、出栏率、牲畜和畜产品外销的百分比等一系列数量指标。中国畜牧业地域类型明显，繁复多样。根据其地域特点和经营方式分为：农区舍饲与圈养畜牧业；高原牧区游牧畜牧业；山地牧区季节牧场轮牧畜牧业；半干旱农牧交错区定居游牧畜牧业；青藏高原纯牧业。

什么是畜牧业布局

畜牧业布局亦称畜牧业生产布局或畜牧业生产配置。即畜牧业生产的地域分布。其研究内容包括：合理确定不同地区畜牧业发展方向、牲畜结构和比例；按畜牧业生产合理的地域分工，科学确定每一地区畜牧业生产专业化方向，建设各种畜禽及其产品的商品生产基地。畜牧业布局必须遵循自然和经济规律：第一，要坚持因地制宜的原则，做到自然条件适宜、经济条件合理、技术条件可能；第二，要坚持发挥优势的原则，充分利用草场、畜种等自然资源和基础设施、劳动力等社会资源；第三，要坚持适当集中的原则，实现生产的区域化、专业化、社会化。还要坚持保护资源、统筹兼顾等原则，最终取得最大的经济效益、生态效益和社会效益。搞好畜牧业布局，一要了解国家和地区对牲畜及其畜产品的需求等情况；二要调查本地区畜牧业的历史、条件、现状，即发展畜牧业的可能性；三要在大量调查研究的基础上，确定畜牧业发展的方向、规模、速度、比例、基础设施建设工程等。并经过反复分析、比较、论证、提出最佳布局方案。畜牧业布局研究，一般多采用野外考察、定位试验、技术经济论证、系统论、定量分析、空间模式、相关矩阵等方法。合理的畜牧业布局，能够充分发挥当地畜牧业资源的生产潜力，做到永续利用，从而促进和推动农业乃至整个国民经济的发展。反之，将造成畜牧业资源的损失、浪费、破坏，以致阻碍和限制其发展。搞好畜牧业布局是发展畜牧业生产的重要内容之一。

什么是高寒牧区

地处高寒自然条件下，以经营耐高寒、耐粗饲、适应性强、具有高原特色的牲畜为主的畜牧业地区。在我国，这类牧区海拔多在4500～5200米，年平均气温0℃～5℃，日照充足，太阳辐射强；其牧草生长期短，产量季节不平衡，植株低矮；因气温日较差大，利于营养物质的积累，牧草的粗蛋白、粗脂肪、无氮浸出物高，粗纤维低，营养较丰富，适于发展高寒畜牧业。青海、西藏、四川西部等高原地区属典型的高寒牧区，以放牧藏系羊和牦牛等特有畜种为主，是我国放牧畜牧业的重要生产基地之一。此外，南美洲安第斯山脉东侧，印度喜马拉雅山脉南麓，欧洲的阿尔卑斯山和大高加索山，亚洲的天山等也分布有高寒牧区，其海拔从低纬度向高纬度逐渐降低。

什么是草库伦

草库作是草场围栏的一种形式。蒙古语，意为"草圈子"。用草垡子、荆条、木杆、土墙、铁丝网等，把一定范围或面积的草场围圈起来，进行封闭培育，或采取补播、灌溉、耙耱、施肥等各种

综合性改良措施，保持牧草的稳产高产，以利有计划地在草库伦内轮流进行放牧或割草。修建草库伦既可充分发挥草场的生产潜力，提高产草量，又能防止超载过牧，使草场资源得以永续利用。按草库伦建设内容和使用目的不同，分为放牧草库伦、打草草库伦、草料林结合草库伦、草灌乔结合防风固沙草库伦等。在我国，草库伦多作为冬、春缺草季节的抗灾基地，以保证牲畜，尤其是母畜、仔畜或老弱病残畜不受或少受干旱和风雪危害，安全越冬等。

工业地理篇

文化地理

亡失处理篇

什么是工业

　　"工业"这个词是指生产商品来满足人们需要的一种行为。工业包括多种不同类型，例如，采矿业、制造业等行业。工业可以分为三大类。第一类，即通过采掘方式获取原材料的行业，例如采矿业；第二类，即把原材料加工成产品（例如：汽车、手表等）的行业，又称为轻工业；第三类，包括交通运输业等。

　　在世界各地的制造业中，许多行业都用机器代替人来进行产品生产，例如汽车、塑料和电器等生产部门。某些部门的生产已经实现了高度自动化。为了提高生产率，人们越来越多地使用专业设备，例如电子技术和工业机器人，这在一定程度上导致某些国家失业率逐年上升。在20世纪后期，日本和其他东亚国家发展了高度自动化工业，其中包括电子工业、计算机和汽车制造业。

什么是第一产业中的工业

在第一产业中，属于工业领域的有伐木业、捕捞业和采矿业，前两项是利用生物资源，由于生物资源是可以再生的，故称之为"可更新的资源"。对此类资源，如果进行合理的开发和利用，不仅不会使资源遭到破坏，反而可以长期使用下去，成为"取之不尽，用之不竭"的资源。而采矿业情况有所不同，其资源是在地质历史过程中形成的，时间尺度以百万年、千万年甚至亿年来计量，与人类的历史的时间尺度对比，属于"不可更新资源"之列。如果对此类资源不顾一切大量开采，就会使某种矿产在该地，甚至在全球提前出现枯竭，给整个生产带来极大困难。

1. 伐木业

现在木材的采伐集中在寒温带与热带。寒温带的森林属泰加针叶林，树种单一，开采较方便，开采地区主要在俄罗斯北部及远东地区，加拿大的北部，其次是北欧，例如瑞典、芬兰和挪威三国。

热带森林主要在巴西的亚马逊河流域，非洲的赤道两边，东南亚等地。这里森林茂密，树种混杂，质量不一，但有些树种质量较高，属硬木，是制造高级家具的材料。对于热带森林的开采引起了生态学家的关注，因为，热带森林是世界物种的集中地，是生物基因宝库，也是地球上空气中氧气的重要供应地。

目前，在世界木材供求方面，采伐量在不少地区超过生长量。须知森林不单提供木材，而且具有防止水土流失，涵养水源，改善气候，防止沙漠化，保护环境等重要作用，应当给予重视，要积极植树造林，减少采伐与破坏。

2. 捕捞业

淡水与海洋中的鱼类是捕捞的主要对象。鱼类是供给人类蛋白质营养的一个重要来源。

在欧亚大陆的西面的北海、挪威海、波罗的海，南面的地中海，东面的中国沿海与日本周围海域，南半球澳大利亚东南海域，秘鲁附近海域都是世界的重要渔场。特别是秘鲁的附近海域，是海水上涌地带，营养物质多，是世界著名的高产渔场。因此，秘鲁成为世界鱼粉最大的生产国。由于鱼类是营养价值比较高的食物，对该资源的保护日益引起人们的关注。世界上也有些水域，由于过度捕捞，不仅产量剧降，一些优良鱼种几乎绝迹。有的国家采取限额捕捞，或在鱼类繁殖生长期内停止捕捞的办法，以保护鱼类资源。

什么是海洋捕捞业

浩瀚的海洋是一个庞大的生命王国，仅海洋生物就有325亿种，是陆地动物质量的3.3倍，它们含有丰富的动物蛋白和多种人体必须的微量元素，是人类大脑发育、智开发以及提高人体免疫机能不可缺乏的营养源。因此，无论是过去，还是将来，海洋动物都是人类重要食物来源之一，海洋捕捞业也是人类一项重要的生产活动。

海洋捕捞业是利用各种渔具（如网具、钓具、标枪等）在海洋

中从事具有经济价值的水生动物、植物捕捞活动。是海洋水产业的重要组成部分。按捕捞海域距陆地远近，分为沿岸、近海、外海和远洋等捕捞业。捕捞渔具主要有拖网、围网、流刺网、定置网、张网、延绳钓、标枪等，其中以拖网、围网为主。海洋捕捞业具有工业性质，其捕捞水平的高低，既与海洋经济生物资源的蕴藏量、可捕量有关，也与一个国家或地区工业发达程度，渔船、网具、仪器等生产能力和海洋渔业科研水平高低关系很大，所不同的是海洋经济生物资源具有自然再生性能。

在长期的海洋捕捞生产实践中，人类创造了许多卓有成效的方法，拖网是目前海洋渔业生产中效益较高的渔具之一，它属于过滤性的活动鱼网，其捕鱼原理是察出鱼群后，放出长带型网具，包围或阻拦鱼群的逃路，然后逐步缩小包围面积，最后捕获鱼群。

围网类渔具的捕获对象是中上层、集群性鱼类，如果鱼群小而分散，使用围网必须采取诱鱼或驱鱼方法，比如在船上加装光源，利用鱼类的趋光性，使鱼类聚集从而进行捕捞，此外，还可利用声波饵料等方法，达到捕捞的目的，采用围网技术，产量可达数百万吨以上。除了拖网、围网，目前世界上普遍使用的捕鱼方法，还有刺网、粘网及钓鱼作业等，随着科学技术的发展，海洋捕捞还使用了卫星定位、导航系统、雷达探鱼仪等。

海洋捕捞业一般具有距离远、时间性强、鱼汛集中、水产品易腐烂变质和不易保鲜等特点，故需要作业船、冷藏保鲜加工船、加油船、运输船等相互配合，形成捕捞、加工、生产及生活供应、运输综合配套的海上生产体系。

什么是海洋牧场

海洋牧场是指在一个特定的海域里，为了有计划地培育和管理渔业资源而设置的人工渔场。它先营造一个适合海洋生物生长与繁殖的环境，再由所吸引来的生物与人工放养的生物一起形成一个人工渔场。依靠一整套系统化的渔业设施和管理体制，如人造上升流、人工种苗孵化、自动投饵机、气泡幕、超声波控制器、环境监测站、水下监视系统、资源管理系统等，使得人们可以利用先进的科技力量，将各种海洋生物聚集在一起，就像赶着成群的牛羊在广阔的草原上放牧那样，建立可以人工控制的海洋牧场比海水养殖更加注重环境与品质，减少了对环境的污染，扩大了养殖生物的活动区域，提高了养殖生物的质量。可以说，海洋牧场充分吸收了人工增殖放流和海水养殖的优点，既保证了收获的鱼类与野生鱼类具有相同的品质，又保证了鱼苗在海洋中的成活率与回捕率。海洋牧场既考虑了对渔业资源的增殖作用，又兼顾了对环境的生态修复效果。同时，海洋牧场通过对生态系统进行适度干预提高了系统的能量流动速度及效率，提高了生产效率的经营管理。

发展海洋牧场是在海水养殖基本满足社会对海产品的量化需求基础上，进一步满足人民生活水平提高后对海产品品质需求的一个有效措施，也是恢复沿岸渔业资源的一个有益途径。未来，"海洋牧场"将普遍出现在许多国家的海域，成为继传统捕捞业和海水养殖业之后又一种重要的渔业生产模式。海洋牧场将是未来海洋渔业

的基本组成体系之一，是可持续利用海洋资源的重要补充方式之一。

什么是信息产业

信息产业一般指以信息为资源，信息技术为基础，进行信息资源的研究、开发和应用，以及对信息进行收集、生产、处理、传递、储存和经营活动，为经济发展及社会进步提供有效服务的综合性的生产和经营活动的行业。在工业发达国家，一般都把信息产业作为所有产业核心的新兴产业群，称为第四产业。

我国对信息产业分类没有统一模式，一般可认为包括7个方面：一是微电子产品的生产与销售；二是电子计算机、终端设备及其配套的各种软件、硬件开发、研究和销售；三是各种信息材料产

业；四是信息服务业，包括信息数据、检索、查询、商务咨询；五是通讯业，包括电脑、卫星通讯、电报、电话、邮政等；六是与各种制造业有关的信息技术；七是大众传播媒介的娱乐节目及图书情报等。

什么是文化产业

联合国教科文组织关于文化产业的定义如下：文化产业就是按照工业标准，生产、再生产、储存以及分配文化产品和服务的一系列活动。从文化产品的工业标准化生产、流通、分配、消费的角度进行界定。

联合国教科文组织对文化产业的这一定义只包括可以由工业化生产并符合四个特征（即系列化、标准化、生产过程分工精细化和消费的大众化）的产品（如书籍报刊等印刷品和电子出版物有声制品、视听制品等）及其相关服务，而不包括舞台演出和造型艺术的生产与服务。

事实上，世界各国对文化产业并没有一个统一的说法。美国没有文化产业的提法，他们一般只说版权产业，主要是从文化产品具有知识产权的角度进行界定的。日本政府则认为，凡是与文化相关联的产业都属于文化产业。除传统的演出、展览、新闻出版外，还包括休闲娱乐、广播影视、体育、旅游等，他们称之为内容产业，更强调内容的精神属性。

2003 年 9 月，中国文化部制定下发的《关于支持和促进文化

产业发展的若干意见》，将文化产业界定为："从事文化产品生产和提供文化服务的经营性行业。文化产业是与文化事业相对应的概念，两者都是社会主义文化建设的重要组成部分。文化产业是社会生产力发展的必然产物，是随着我国社会主义市场经济的逐步完善和现代生产方式的不断进步而发展起来的新兴产业。"2004 年，国家统计局对"文化及相关产业"的界定是：为社会公众提供文化娱乐产品和服务的活动，以及与这些活动有关联的活动的集合。所以，我国对文化产业的界定是文化娱乐的集合，区别于国家具有意识形态性的文化事业。

旅游地理篇

文化地理

施蛰存理论

无烟工业——旅游业

　　旅游业是以旅游资源为凭借、以旅游设施为条件，向旅游者提供旅行游览服务的行业。旅游资源、旅游设施、旅游服务是旅游业赖以生存和发展的三大要素。

　　旅游资源，包括自然风光、历史古迹、革命遗址、建设成就、民族习俗等，是经营旅游业的吸引能力；旅游设施，包括旅游交通设施、旅游住宿设施、旅游餐饮设施、旅游游乐设施等；旅游服务，是包括各种劳务和管理行为相结合，是经营旅游业的接待能力。

　　狭义的旅游业，在我国主要指旅行社、旅游饭店、旅游车船公司以及专门从事旅游商品买卖的旅游商业等行业。广义的旅游业，除专门从事旅游业务的部门以外，还包括与旅游相关的各行各业。旅行游览活动作为一种新型的高级社会消费形式，往往是把物质生活消费和文化生活消费有机地结合起来的。

　　旅游业从业务种类划分看，主要有 3 种类型：组织国内旅客在本国进行旅行游览活动；组织国内旅客到国外进行旅行游览活动；

接待或招徕外国人到自己国家进行旅行游览活动。后两种类型的旅游业务活动，都是涉外性质的业务。由于旅游业主要通过劳动服务的劳务形式，向社会提供无形的效用，即特殊的使用价值，以满足旅游者进行旅行游览的消费需要。

旅游业的基本特征是非生产性的，所以又称无烟工业。旅游业从整体上看，它不是实现商品流通的经济部门，而是凭借旅游资源，利用旅游设施，提供食、住、行、游、娱、购的劳务活动，去满足旅游者旅行游览消费的需要，所以也称为无形贸易。

旅游业在国民经济中的地位和作用

旅游业包括国际旅游和国内旅游两个部分。两者由于接待对象不同而有所区别，但其性质和作用是基本一致的。经济发达国家的旅游业，一般是从国内旅游业开始，逐步向国际旅游业发展。一些发展中国家，由于经济落后，经济建设需要外汇，大多是从国际旅游业开始发展的。国内旅游业和国际旅游业是密切相联的统一体，统筹规划、合理安排，能够互相促进、互相补充、共同发展。

旅游业能够满足人们日益增长的物质和文化的需要。通过旅游使人们在体力上和精神上得到休息，改善健康情况，开阔眼界，增长知识，推动社会生产的发展。旅游业的发展以整个国民经济发展水平为基础并受其制约，同时又直接、间接地促进国民经济有关部门的发展，如推动商业、饮食服务业、旅馆业、民航、铁路、公路、邮电、日用轻工业、工艺美术业、园林等的发展，并促使这些部门不断改进和完善各种设施、增加服务项目，提高服务质量。随着社会的发展，旅游业日益显示出它在国民经济中的重要地位。

世界十大旅游胜地

1. 洪都拉斯

位于中美洲地区北部的洪都拉斯，得名于哥伦布一段惊险的经历。哥伦布第四次航海来到洪都拉斯沿海的时候，狂风卷着巨浪，时而把船带到浪尖上，时而又把它抛向深渊。于是，哥伦布就把这里命名为"洪都拉斯"，意思是"无底深渊"。

位于首都特古西加尔巴西北部大约225公里处的科潘玛雅古城遗址，依山傍水，是洪都拉斯境内重要的旅游点之一，也是玛雅文明中最古老且最大的古城遗址。遗址中有金字塔、广

场、庙宇、石碑和象形文字石阶等，是十分重要的考古地区。

拉塞瓦是洪都拉斯比邻加勒比海的海岸城市之一。同时，也是通往海湾群岛的信道。海湾群岛由罗丹岛、瓜纳哈岛及乌提拉岛三个大岛及 60 多个小岛所组成。大量的珊瑚礁，鲸鲨、海马等野生动物以及水下洞穴、海底火山和沉船残骸，共同造就了这个潜水爱好者的天堂。

2. 纳米比亚

自从著名影星布拉德·彼特夫妇踏上纳米比亚的土地之后，大批旅行者慕名而来。非洲西南部的纳米比亚境内，主要的旅游点在中部的纳米比亚—诺克陆夫国家公园。这里没有撒哈拉的浪漫和浩瀚，但有世界最变幻多彩的沙丘。从诺克陆夫驱车向西北，沿大西洋岸边行，沿途可见一边茫茫沙漠、一边浩渺大海的奇景，再前行，是一片奇特的花岗岩地形，岩石受风沙侵蚀，形成如同月球表面凹凸洞穴景观，又如天地初开的蛮荒世界。这是一个令人去了还想再去的沙漠。

3. 塞舌尔群岛的北岛

非洲东海岸上的一个名不见经传的岛国，但它有全世界最顶级的度假海滩。首先，那里有最棒的海滩、最火辣的阳光和最清澈的海水。蓝天、白云、金黄色的沙滩、翠绿的丛林、清澈见底的海水和几乎不受污染的空气，难怪这与马尔代夫、毛里求斯同被列为印度洋上的三大明珠。

其次，那里有最好的度假酒店。根据《福布斯》杂志评出的全世界最贵酒店排名，前三甲中塞舌尔占据两席，仅次于拉斯维加斯的米高梅大酒店。价格位列全球酒店第二的北岛酒店有 11 座超豪华小别墅，在这其中的任何一座住上一晚，需要 3217 美元。酒店每一座别墅都完全由当地工匠手工建造，面积最小的一座也有 440 平方米。酒店提供的食物大部分来自当地的植物园和农场。

塞舌尔除了昂贵奢侈的酒店之外，还有两样东西享誉全球：一是海椰子，另一样是数以万计重达 200～400 公斤的象龟。

4. 巴拿马

北美洲之间狭长的巴拿马地峡蜂腰上，是连通南北美洲的咽喉，被称为"世界中心点"。巴拿马在印第安语中的意思是"蝴蝶之国"。16 世纪初，哥伦布在巴拿马沿海登陆以后，发现这里到处是成群飞舞的彩色蝴蝶。于是，使用了当地的语言，把这个地方命名为"巴拿马"。

巴拿马首都巴拿马城面临巴拿马湾，背靠安康山谷，巴拿马运河从城市边缘缓缓流过，是一座临海靠山、风景如画的海口城市。巴拿马城可分为老区和新区两部分。老区街道狭窄，迄今保留着一些西班牙古堡和带露台的房屋。中心的独立广场四周有双塔高耸的天主教堂、中央旅馆、国家邮电总局等。新区街道笔直宽阔，拥有美国式的现代化建筑以及新式花园宅院。整个城市壮丽典雅，风格多变，正如一个存有多种文化的调和体。同世界上其他国家的首都相比较，巴拿马城也是一座以商业和服务业为主的城市。但由于市区工业不多，不存在令人头痛的环境污染问

题，城市上空总是蔚蓝一片，碧空万里。特别是每逢阵雨过后，雨水冲洗过的街道、房屋清新爽目，别有一番情调。这里许多物品都使用可再生的材料，如陶土、竹子、野生树枝等。在这里人们可以感到大自然离人类社会是如此地近。

5. 斯里兰卡

位于印度洋上的斯里兰卡原名"锡兰"，僧伽罗语意为"光明富饶的乐土"。拥有无与媲美的海滨、郁郁葱葱的低地、丰富的自然文化遗产以及独特的迷人文化氛围，这就是被誉为"印度洋上的珍珠"、"红茶王国"的斯里兰卡。

一到斯里兰卡，扑面而来的就是浓浓的香料味和热带岛国气息。古城、神殿、寺庙、小型的森林或荒野草地、成群的大象、猴子、美丽的鸟类和蝴蝶让人们乐此不疲地来往奔波。

四季如夏、风景秀丽的首都科伦坡是斯里兰卡古老的城市之一，有"东方十字路口"之称。街道上到处栽有"国树"铁木树和"国花"睡莲，但更多的是直耸云霄的椰子树。还有许多奇特的树，如"雨树"——傍晚树叶吸收水分，直到太阳东升后，叶子伸展，水就像雨滴似的洒在树下。在科伦坡老城街头，印度教、佛教庙宇，伊斯兰教的寺院，基督教的教堂交相辉映。位于维多利亚公园南侧的国家博物馆是科伦坡的主要景观之一。这里是斯里兰卡最大的文物收藏地，陈列着各个历史时期的珍贵文物，其中最引人注目的是一块明朝三宝太监下西洋时在斯里兰卡建立的纪念碑，碑顶端刻着中国的图案和文字。它也是亚洲保存最为完好的城市中心，已有人正式提议把它列为世界古迹第八大奇迹。斯里兰卡传统建筑风格在这里表现得淋漓尽致：林荫下的花园、小径与水榭楼台交融一体；对称和非对称的建筑元素相得益彰；变化多端的平面、轴线和半径设计完美地结合在一起；城东和城西，两条护城河和三面城墙环绕着两个矩形城区。美丽的印度洋、古老的宗教文化、原始的异域风情，还有地道的红茶，一切让到这里度蜜月成为时尚。

6. 多米尼加

加勒比海有许多美丽的小岛国，但最美的应该是多米尼加。多米尼加位于加勒比海大安的列斯群岛中的伊斯帕尼奥拉的东半部，面积只有 4.8 万平方公里，是哥伦布第一次到美洲时发现的，意为"星期天"。1492 年，当哥伦布发现新大陆时，将最先发现的小岛取名为西班牙岛。现在这个小岛的 1/3 属于海地共和国，东侧的 2/3 才属于多米尼加共和国。多米尼加全年温差不大，平均温度为 25℃。这里的民族性格非常豁达，让人有一种极易亲近做朋友的感觉。在这种国度里生活，就是神经紧张的人也自然而然地会缓和下来。

多米尼加以最棒的沙滩和最原始的生态闻名，而这正是多

米尼加的旅游卖点。多米尼加洁白的沙滩似一张柔软的大床，一直延伸到碧绿的海水里，每个第一次到多米尼加度假的游客，都有把头深深地埋在里面的冲动。沙滩排球是每日安排的活动，不分国籍不分年龄，所有游客都可以参与。这里是天堂，天堂里每个人都很友善。累了，随便往沙滩椅上一躺，信手来一个西番莲果，青黄色的果皮里，一粒粒浆果如同石榴子，酸酸的，清爽极了。抬头凝望，天是那么蓝，海是那么绿，沙是那么白，所有游客的肤色在太阳底下发出油油的光芒。近几年，多米尼加新建了一些豪华的生态度假村，越来越多的游客来到这遥远的小国，享受着悠闲的假日时光。

7. 埃塞俄比亚

看惯了《动物世界》的人可能会以为非洲是个扁平的大陆，任凭野生动物自由驰骋。殊不知，非洲也有高原和雪峰，其平均高度仅次于亚洲，海拔 500 至 1000 米的高原占整个大陆面积的 70% 左右。特别在东非，埃塞俄比亚高原素有"非洲屋脊"的美称。由于它和东非高原的骤然隆起，在非洲大陆的东部勾勒出一条深深的裂痕，这就是著名的东非大裂谷，被称为"地球上最大的伤疤"。奥罗莫州是埃塞俄比亚最大的一个州，地貌千差万别，有崇山峻岭、起伏不平的高原，也有风景如画的峡谷、险峻的河谷以及一望无际的平原。奥罗莫州的地势各异，从海拔不足 500~4000 米，最高的巴士山脉，有海拔 4607 米，形成了不同的宜人气候和丰富的自然资源。大约有 800 种鸟，100 种野生动物，山林羚、赛明山赤狐和曼涅里克林羚等地方性特有的野生动物栖息在巴勒山国家公园。阿瓦什国家公园是埃塞俄比亚历史最悠久的野生动物保护区，除长颈鹿和水牛以外，这里有东非平原的大多数动物，栖息着大羚羊、狞猫、土豚、疣猴、青猴、狒狒、豹、山羚、河马、西默林瞪羚、格利威斑马和猎豹等。阿瓦什国家公园也是无数鸟类的自然栖息地，其中包括垂耳鹤、安古秃鹰和长耳猫头鹰。公园的沼泽地到处可见水鸟、岸禽和本地特有的蓝翼鹅。除了有多种多样的动物，奥罗莫州的里夫特流域还是体育运动、日光浴的好地方。

近些年，埃塞俄比亚吸引了一批高端探险者的注意，已成为探险家的乐园。对普通旅游者来说，无论去埃塞俄比亚哪个地方，都有机会与各种各样的野生动物"亲密接触"。亲眼看到野生动物在这片肥沃、慈祥而又充满情调的土地上过着简约、平和的生活，是一件相当惬意的事情。

8. 老挝

问每一个游遍东南亚的背包客：你最喜欢哪里？脱口而出的答案，似乎总是老挝。老挝之所以好玩，就在于它的丰富性，有山有水有古城，一路玩下来却不失新鲜感。既能在小镇、古庙里安安静静无所事事地消磨时光，也可以登山、徒步、漂流、尖叫着冲进琅勃拉邦的瀑布里。老挝的首都万象有着小镇的气质，它北部的万荣，风景如桂林山水，舒适悠闲。

琅勃拉邦是老挝的古都圣城，是老挝澜沧王朝的建都地，700年前建都，漂亮的寺庙一所一所地建，一路繁华200年。琅勃拉邦的"高帽"很多，有人说它是梦想家的最后乐园，也有人说它是东南亚保存得最完美的城市，但是最骄傲的赞美，莫过于联合国把它列为世界文化遗产，让全世界一起保护这个古老而美丽的城市。

9. 阿根廷

每年2月底3月初，爱喝葡萄酒的阿根廷人都要举办盛大的"葡萄节"庆典，庆祝活动就是在盛产葡萄、清洁宁静的小

城——门多萨省省会门罗萨市。门多萨省地处安第斯山东麓，太平洋方向吹来的降雨云被高山挡住，因而气候干燥少雨，地貌、植被和温湿的潘帕斯平原截然不同，很像我国的新疆。高高的蓝天，淡淡的白云，地平线上安第斯山的雪峰拔地而起，清晰可见。干燥的气候和充足的日照为葡萄的生长提供了有利的自然条件，使这里成为盛产葡萄和葡萄酒的王国。出了门多萨市，葡萄园一个挨着一个。这里看不见凉棚式的葡萄架，葡萄藤是缠在一道道垂直的篱笆墙上的。葡萄成熟后，开车路过任何一个葡萄园，都可以进去随意品尝，临走主人往往还会赠送一箱。门多萨人与葡萄有不解之缘。除了大片的葡萄园，许多人家在自家院子里也种葡萄。据说有一年，葡萄受灾减产，酿酒厂收不上葡萄，便挨家挨户收购，居然保证了基本的生产所需。

大部分葡萄都用来酿造葡萄酒，还有一部分葡萄制成葡萄干。但这里的葡萄干是在烘炉里烘干的，不像我国新疆地区是自然风干。酿酒用的葡萄必须经过技术人员鉴定，认为达到最佳含糖度后才允许采摘。因含糖量差异，酒的口味也不同，所以高级产品都要标明是哪一年葡萄所酿。

除了有葡萄和迷人的葡萄节，门多萨市还是一座美丽洁净、绿化巧妙的城市。这里少有摩天大楼，街道清洁整齐，人们在街上行走会听到潺潺的流水声，人行道边有一条平行的水渠，流经全城大街小巷，把清水送到路旁的每一棵树木。因为天不降雨，门多萨人别出心裁，设计兴建了这样一个遍布全城的灌溉系统，巧妙地利用雪山上流下的融雪水来维持和发展城市绿化。

10. 阿曼

　　阿曼是阿拉伯半岛海湾国家中唯一拥有沙滩、山地和沙漠的国家，拥有美丽的自然风光及人文历史遗迹，观光资源堪称丰富。就古迹言，阿曼拥有五百多座堡垒，这些多由葡萄牙人于14世纪建造，它们大都被完整地保留下来。近年来，阿曼又开发了沙漠露营、鸟类观赏、看海龟下蛋、登山等新兴旅游项目。索哈尔是阿曼古都，在阿曼历史上是一个重要的贸易港口，现在这里渔业非常兴盛，当地许多居民使用阿曼传统式的单桅帆船出海捕鱼，颇有诗意。首都马斯喀特是每位旅客游阿曼必到之处，其周边还有许多可供游览观之处，例如卫星城市瓦特叶、保留完整历史古物的库隆市等。首都马斯喀特有多家五星级饭店，有些沿海而建，建筑外表和景观都独具特色，是其他欧洲国家所无法比拟的，住在豪华酒店也只有360美元一晚，游客从首都出发到洼海巴沙漠去看当地的部落或去纳克侯参观阿曼古老的堡垒，一到两天的行程只需花费75美元，阿曼因此被公认为是最实惠的旅游目的地。

中国最美旅游胜地

　　1. 中国最美的十大名山

　　（1）黄山

　　（2）庐山

　　（3）华山

　　（4）梅里雪山

（5）泰山

（6）武夷山

（7）玉龙雪山

（8）四姑娘山

（9）恒山

（10）稻城三神山

2. 中国最美的十大地质公园

（1）云南石林

（2）五大连池

（3）雁荡山

（4）丹霞山

（5）云台山

（6）兴文石海

（7）张家界武陵源

（8）翠华山

（9）伏牛山

（10）腾冲火山

3. 中国最美的十大森林公园

（1）张家界国家森林公园

（2）西双版纳原始森林公园

（3）海螺沟冰川森林公园

（4）白云山国家森林公园

（5）张家界天门山国家森林公园

（6）四面山国家森林公园

（7）尖峰岭热带雨林森林公园

（8）太白山国家森林公园

（9）神农架国家森林公园

（10）宝天曼国家森林公园

4．中国最美的十大宗教名山

（1）武当山

（2）峨眉山

（3）五台山

（4）普陀山

（5）天台山

（6）龙虎山

（7）九华山

（8）崆峒山

（9）三清山

（10）绵山

5．中国最令人惊叹的十大遗迹遗址博物馆

（1）兵马俑

（2）故宫

（3）拉萨布达拉宫

（4）长城

（5）曲阜三孔

（6）华清池

（7）三星堆

（8）都江堰

（9）西安碑林

（10）西安城墙

6．中国最恢宏的十大帝王陵墓

（1）黄帝陵

（2）乾陵

（3）秦始皇陵

（4）明十三陵

（5）成吉思汗陵

（6）汉阳陵

（7）清东陵

（8）西夏王陵

（9）茂陵

（10）桥陵

7. 中国最美的十大湖

（1）青海湖

（2）西湖

（3）千岛湖

（4）纳木错

（5）泸沽湖

（6）镜泊湖

（7）喀纳斯湖

（8）运城盐湖

（9）武汉东湖

（10）太平湖

8. 中国最美的十大主题公园

（1）西双版纳傣族园

（2）香港迪斯尼乐园

（3）深圳世界之窗

（4）开封清明上河园

（5）大唐芙蓉园

（6）昆明世博园

（7）彝人古镇

（8）横店影视城

（9）镇北堡西部影城

（10）中华回乡文化园

9. 中国最美的十大奇洞

（1）织金洞

（2）黄龙洞

（3）腾龙洞

（4）龙宫

（5）本溪水洞

（6）芙蓉洞

（7）崆山白云洞

（8）石花洞

（9）玉华洞

（10）梅山龙宫

10. 中国最美的十大古城

（1）丽江

（2）平遥

（3）阳朔

（4）徽州古城

（5）镇远

（6）景德镇

（7）山海关

（8）西昌

（9）阆中

（10）丰都鬼城

11．中国最美的十大峡谷

（1）长江三峡

（2）雅鲁藏布江大峡谷

（3）澜沧江梅里大峡谷

（4）金沙江虎跳峡

（5）天山库车大峡谷

（6）大宁河小三峡

（7）天坑地缝

（8）太行山大峡谷

（9）金丝大峡谷

（10）大渡河金口大峡谷

12．中国最美的十大民居建筑

（1）福建土楼

（2）开平碉楼

（3）王家大院

（4）乔家大院

（5）皇城相府

（6）成都大邑刘氏庄园

（7）宏村

（8）西递

（9）米脂姜氏庄园

（10）康百万庄园

13．中国最佳的十大宗教寺院（道观）旅游胜地

（1）法门寺

（2）少林寺

（3）大昭寺

（4）楼观台

（5）拉卜楞寺

（6）塔尔寺

（7）大慈恩寺

（8）大兴善寺

（9）芮城永乐宫

（10）佳县白云观

14．中国最美的十大海滨城市

（1）三亚

（2）青岛

（3）秦皇岛

（4）珠海

（5）日照

（6）厦门

（7）北海

（8）大连

（9）海口

（10）宁波

15．中国最美的十大古镇

（1）喀纳斯湖畔古村落

（2）丹巴藏寨

（3）黄姚

（4）婺源

（5）乌镇

（6）周庄

（7）同里

（8）西塘

（9）赤坎古镇

（10）长汀

16. 中国最美的十大园林

（1）拙政园

（2）承德避暑山庄

（3）颐和园

（4）狮子林

（5）留园

（6）古莲花池

（7）清晖园

（8）何园

（9）静思园

（10）个园

17. 中国最美的十大瀑布

（1）九寨沟诺日朗瀑布

（2）黄果树瀑布

（3）黄河壶口瀑布

（4）海螺沟大冰瀑布

（5）庐山瀑布

（6）德天瀑布

（7）镜泊湖瀑布

（8）九龙瀑布

（9）望乡台瀑布

（10）云台山瀑布

18．中国最美的六大旅游名城

（1）北京

（2）西安

（3）苏州

（4）香港

（5）成都

（6）洛阳

19．中国最美的六大沙漠

（1）沙坡头

（2）鸣沙山月牙泉

（3）响沙湾

（4）沙湖

（5）库布齐

（6）内蒙古腾格里沙漠月亮湖

20．中国最美的六大湿地公园

（1）神农架大九湖国家湿地公园

（2）云南红河哈尼梯田国家湿地公园

（3）盘锦湿地

（4）杭州西溪国家湿地公园

（5）银川鸣翠湖国家湿地公园

（6）广东星湖国家湿地公园

21．中国最美的六大石窟

（1）敦煌莫高窟

（2）云冈石窟

（3）龙门石窟

（4）克孜尔千佛洞

（5）大足石刻

（6）麦积山石窟

22．中国最美的六大草原

（1）呼伦贝尔草原

（2）锡林郭勒大草原

（3）祁连山草原

（4）甘南草原

（5）伊犁草原

（6）科尔沁草原

23．中国最美的六大名楼（阁）

（1）武汉黄鹤楼

（2）烟台蓬莱阁

（3）西安钟鼓楼

（4）南昌滕王阁

（5）永济鹳雀楼

（6）昆明大观楼

24．中国最惊险刺激的六大漂流胜地

（1）永顺猛洞河漂流

（2）万泉河峡谷漂流

（3）沙坡头黄河漂流

（4）东江漂流

（5）杉木河漂流

（6）汶水河峡谷漂流

25．中国最美的五大实景山水主题演出

（1）阳朔《印象·刘三姐》

（2）华清池《长恨歌》

（3）《禅宗少林·音乐大典》

（4）《印象·西湖》

（5）《印象·丽江》

26. 中国最佳的五大红色旅游纪念地

（1）井冈山

（2）延安

（3）西柏坡

（4）遵义

（5）韶山

亚洲文化地理篇

文化地理

蒙古风俗

　　蒙古共和国简称蒙古。位于亚洲中部，是一个高原内陆国家。语言为蒙古语。蒙古族主要信奉喇嘛教。敖包神是蒙古部落的保护神。行人路过敖包时要下马献上钱财，供上酒肉，或剪下马鬃、马尾系其上面。蒙古人把锅灶、火盆和篝火堆等当做火神加以崇拜，逢年过节、迁居或婚礼时，都要举行祭祀活动。蒙古牧民的住房是蒙古包，蒙古包是蒙古人长期游牧生活的产物，在草原的特定环境中有着许多其他住所不能代替的优点。马奶酒又称酸马奶，是蒙古人最爱喝最尊崇的一种饮料，每逢夏天，蒙方牧民都喜欢自制马奶酒。大部分蒙古人有抽烟的习惯，对烟具也很讲究。羊肉是蒙古人的主要副食品之一。奶茶是蒙古人日常生活和款待客人的必需品。

　　蒙古人喜欢借颜色来寄托自己的愿望和感情，将不同的颜色赋予了不同的意义，红色象征亲热、幸福和胜利。许多蒙古人喜欢穿红色的蒙古袍，姑娘们爱用红色缎带系头发。黑色被视为是不幸和灾祸，故蒙古人不穿黑衣服。蒙古人热情好客，有一套独特的待客礼仪，具体表现在迎客、问候、待答、送客等方面。客人告辞时，

主人往往举家相送，并一再说"再见"、"欢迎再见"、"祝您一路平安"之类的送行话。

在游牧或日常生活中，蒙古人相遇时，首先，总要极有礼貌地相互问候家畜安好，其次再互问家人平安，最后才相互寒暄。这是因为以牧业为主的蒙古人，把家畜置于生活中特殊重要的地位。蒙古人具有好客的美好传统，即使对素不相识的来客，也往往以礼相待。所以，人们说，在蒙古，即使没带干粮，也可旅行数月。蒙古各地每年7月总要举行那达慕盛会。

蒙古人最忌讳的是将自家牲畜的乳汁卖掉，认为这是一种标志贫穷的耻辱。客人来访时，忌讳将鞭子或棍杖随身带进主人的毡帐，否则便被认为是对主人的侮辱。客人切忌将帽子朝着门口放，当主人用盛在银碗里的酸马奶来招待客人时，客人必须一饮而尽，忌讳一口一口地细细品尝。如果遇到贵宾临门，他们则以全羊款待。在以全羊招待贵宾时，应由主人先切肉或先吃，否则贵宾是不吃的。他们的食量一般都很大，往往所吃的大块炖牛羊肉，重约1公斤左右，他们不喝汤，不用筷子，以左手拿肉，右手用刀切着吃。餐桌上须放盐。他们忌吃鱼虾、海味、肥猪肉，也不爱吃糖醋、过辣的或带汤汁、油炸之类的菜肴以及蔬菜等。

日本风俗

日本人大多数信奉神道和佛教，他们不喜欢紫色，认为紫色是悲伤的色调；最忌讳绿色，认为绿色是不祥之色。还忌讳3人一起

"合影",他们认为中间被左右两人夹着,这是不幸的预兆。日本人忌讳荷花,认为荷花是丧花。在探望病人时忌用山茶花及淡黄色、白色的花,日本人不愿接受有菊花或菊花图案的东西或礼物,因为它是皇室家族的标志。日本人喜欢的图案是松、竹、梅、鸭子、乌龟等。

日本人有不少语言忌讳,如"苦"和"死",就连谐音的一些词语也在忌讳之列,如数词"4"的发音与死相同,"42"的发音是死的动词形,所以医院一般没有 4 和 42 的房间和病床。用户的电话也忌讳用"42",监狱一般也没有 4 号囚室。"13"也是忌讳的数字,许多宾馆没有"13"楼层和"13"号房间,羽田机场也没有"13"号停机坪。在婚礼等喜庆场合,忌说去、归、返、离、破、薄、冷、浅、灭及重复、再次、破损、断绝等不吉和凶兆的语言。商店开业和新店落成时,忌说烟火、倒闭、崩溃、倾斜、流失、衰败及与火相联系的语言。交谈中忌谈人的生理缺陷,不说如大个、矮子、胖墩、秃顶、麻子、瞎聋、哑巴等字眼,而称残疾人为身体障碍者,称盲人为眼睛不自由者,称聋子为耳朵不自由

者等。

日本有纪律社会之称，人们的行为举止受一定规范的制约。在正式社交场合，男女须穿西装、礼服，忌衣冠不整、举止失措和大声喧哗。通信时，信的折叠、邮票的贴法都有规矩，如寄慰问信忌用双层信封，双层被认为是祸不单行；寄给恋人信件的邮票不能倒贴，否则意味着绝交。日本人在饮食中的忌讳也很多：一般不吃肥肉和猪内脏，也有人不吃羊肉和鸭子；招待客人忌讳将饭盛过满过多，也不可一勺就盛好一碗；忌讳客人吃饭一碗就够，只吃一碗认为是象征无缘；忌讳用餐过程中整理自己的衣服或用手抚摸、整理头发，因为这是不卫生和不礼貌的举止；日本人使用筷子时忌把筷子放在碗碟上面。在日本，招呼侍者时，得把手臂向上伸，手掌朝下，并摆动手指，侍者就懂了。谈判时，日本人用拇指和食指圈成"O"字形，你若点头同意，日本人就会认为你将给他一笔现金。在日本，用手抓自己的头皮是愤怒和不满的表示。

日本人送礼时，送成双成对的礼物，如一对笔、两瓶酒很受欢迎，但送新婚夫妇红包时，忌讳送2万日元和2的倍数，日本民间认为"2"这个数字容易导致夫妻感情破裂，一般送3万、5万或7万日元。礼品包装纸的颜色也有讲究，黑白色代表丧事，绿色为不祥，也不宜用红色包装纸，最好用花色纸包装礼品。日本人接待客人不是在办公室，而是在会议室、接待室，他们不会轻易领人进入办公机要部门。日本不流行宴会，商界人士没有携带夫人出席宴会的习惯。商界的宴会是在大宾馆举行的鸡尾酒会。日本人没有互相敬烟的习惯。进入日本人的住宅时必须脱鞋。在日本，访问主人家时，窥视主人家的厨房是不礼貌的行为。在日本，没有请同事到家与全家人交往的习惯。日本人从来不把工作带到家里，妻子也以不参与丈夫的事业为美德。

日本人见面多以鞠躬为礼。一般人们相互之间是行 30 度和 45 度的鞠躬礼，鞠躬弯腰的深浅不同，表示的含义也不同，弯腰最低、也最有礼貌的鞠躬称为"最敬礼"。男性鞠躬时，两手自然下垂放在衣裤两侧；对对方表示恭敬时，多以左手搭在右手上，放在身前行鞠躬礼，女性尤其如此。

在国际交往中，日本人也习惯握手礼，尤其是年轻人或和欧美人接触较多的人，也开始有见面握手的习惯。

在日本，名片的使用相当广泛，特别是商人，初次见面时有互相交换名片的习惯。名片交换是以地位低或者年轻的一方先给对方，这种做法被认为是一种礼节。递交名片时，要将名片正对着对方。名片在日语中写为"名刺"，女性大多使用比男性名片要小的名片。

日本人对坐姿很有讲究。在公司里，日本人都坐椅子，但在家里，日本人仍保持着坐"榻榻米"的传统习惯。坐榻榻米的正确坐法叫"正座"，即把双膝并拢跪地，臀部压在脚跟上。轻松的坐法有"盘腿坐"和"横坐"。"盘腿坐"即把脚交叉在前面，臀部着地，这是男性的坐法；"横坐"是双腿稍许横向一侧，身体不压住双脚，这常是女性的坐法。现在，不坐"榻榻米"的年轻一代在逐渐增多。

日本人待人接物态度认真、办事效率高，并表现出很强的纪律性和自制力。约会总是正点，很少误时。

日本人不喜欢针锋相对的言行与急躁的风格，把善于控制自己的举动看做一种美德，他们主张低姿态待人，说话时避免凝视对方，弯腰鞠躬以示谦虚有教养。在社交活动中，日本人爱用自谦语言，如"请多关照"、"粗茶淡饭、照顾不周"等，谈话时也常使用谦语。

日常生活中，日本人谦虚礼让、彬彬有礼，同事、行人间极少发生口角。在与日本人交谈时，不要边说边指手划脚，别人讲话时切忌插话打断。三人以上交谈时，注意不要冷落大部分人。在交谈中，不要打听日本人的年龄、婚姻状况、工资收入等私事。对年事高的男子和妇女不要用"年迈"、"老人"等字样，年事越高的人越忌讳。在公共场合以少说话为好。乘坐日本的地铁或巴士，很少能看到旁若无人而大声交谈的现象。除非事先约好，否则不贸然拜访日本人的家庭。

按照日本人的风俗，饮酒是重要的礼仪，客人在主人为其斟酒后，要马上接过酒瓶给主人斟酒，相互斟酒才能表示主客之间的平等与友谊。斟茶时，日本人的礼貌习惯是以斟至八成满为最恭敬客人。

日本人给老人祝寿，是选一些有特定意义的年岁。如61岁为"还历"，意思是过了60为1岁，返老还童；70岁为"古稀"；77岁为"喜寿"；88岁为"米寿"，因汉字"米"拆开可变成八十八；99岁为"白寿"，因为"白"字上面加一横为"百"。

韩国风俗

　　韩国人见面时的传统礼节是鞠躬。晚辈、下级走路时遇到长辈或上级，应鞠躬、问候，站在一旁，让其先行，以示敬意。男人之间见面打招呼互相鞠躬并握手，握手时或用双手，或用左手，并只限于点一次头。女人一般不与人握手。

　　在韩国，如有人邀请你到家里吃饭或赴宴，你应带小礼品，最好挑选包装好的食品。席间敬酒时，要用右手拿酒瓶，左手托瓶底，然后鞠躬致祝辞，最后再倒酒，且要一连三杯。敬酒人应把自己的酒杯举得低一些，用自己杯子的杯沿去碰对方的杯身。敬完酒后再鞠个躬才能离开。做客时，主人不会让你参观房子的全貌，不

要自己到处逛。

韩国人用双手接礼物，但不会当着客人的面打开。不宜送香烟给韩国友人。酒是送韩国男人最好的礼品，但不能送酒给妇女，除非你说清楚这酒是送给她丈夫的。

韩国政府规定，韩国公民对国旗、国歌、国花必须敬重。不但电台定时播出国歌，而且影剧院放映演出前也放国歌，观众须起立。外国人在上述场所如表现过分怠慢，会被认为是对韩国和本民族的不敬。

与年长者同坐时，坐姿要端正。由于韩国人的餐桌是矮腿小桌，放在地炕上，用餐时，宾主都应席地盘腿而坐。若是在长辈面前应跪坐在自己的脚板底上，无论是谁，绝对不能把双腿伸直或叉开，否则会被认为是不懂礼貌或侮辱人。未征得同意前，不能在上级、长辈面前抽烟，不能向其借火或接火。吃饭时不要随便发出声响，更不许交谈。进入家庭住宅或韩式饭店应脱鞋。在大街上吃东西、在人面前擤鼻涕，都被认为是粗鲁的。

在韩国人面前，切勿提"朝鲜"两字，也不要把"首尔"说成"京城"。照相在韩国受到严格限制，军事设施、机场、水库、地铁、国立博物馆以及娱乐场所都是禁照对象，在空中和高层建筑拍照也都在被禁之列。

印度尼西亚风俗

印度尼西亚共和国，简称印度尼西亚（印尼），位于亚洲东南部，有"千岛之国"的盛名。各岛热带风光迷人，爪哇岛有著名的

"花园城市"茂物,巴厘岛以"世外桃源"闻名于世。印度尼西亚是物产丰富的国家,胡椒、木棉、锡产量均居世界第二,有"金鸡纳霜大本营"、"千岛之国"、"火山之国"、"南洋翡翠"的美称。

印尼人不喜欢别人问他的姓名。一个种族繁杂的国家,其人民的风俗习惯也千差万别的,例如苏门答腊人通常喜欢睡在高地,而爪哇人都宁愿打地铺,印尼人一个显著的特点就是重深交,讲旧情,老朋友在一起可以推心置腹,若是一般交情的商人客户或朋友,虽然也客客气气,甚至谈得相当投机,那也只能是形式上的事,真正的心里话是不轻易掏出来的。印尼人喜欢客人到他们的家中做客访问,而且在一天中任何一个时间去拜访他们,都是受欢迎的。在印尼人家中做客,你可以看到,家家户户,即使不是十分富裕的家庭,其客厅的摆设布置也是很讲究的。到印尼人家中做客,可增加感情的交流。如果你去的印尼人家里铺着地毯,那你在进屋前要把鞋脱掉。进入圣地特别是进入清真寺,一定要脱鞋。

在印尼,伊斯兰教习俗的影响很大,有些清真寺不准进入,得严守当地规矩。

东南亚诸国的人民,一般说来都平易近人,和印尼人的相处之道是不可愁眉苦脸。印尼人最喜欢笑,心情舒坦就笑,顺利完成某件事就笑,笑是他们的另一种语言。他们也喜欢开玩笑,他们甚至认为"笑口常开"是社交上的一种礼貌。在印尼,一个具有良好教养的商人,在彼此初次相识时,应马上把自己的名片送给对方。不然,休怪对方冷眼相待。

与印尼人同座时,有打招呼的习惯,印尼人搭火车旅行碰到陌生人同座,如果自己那份食物先送到,他一定向对方打个招呼:"我们一起来,如何?"对方就回答:"谢谢您,请用吧"。印尼人认为左手是不洁净的,他们习惯用右手而忌用左手或双手去接食物

及其他物品。

印尼人的习俗各异，爪哇人具有神秘的信仰，忌谈诞辰。巴厘女子爱赤膊露背，以表示圣洁。客人走进沙羌族的居住区，必须大叫大喊，否则被认为来意不善。

印尼对于观光游客来说，是个好去处。岛屿众多，风光秀丽，值得一游。一般说来，东南亚地区的民族都很好客，当你前往访问某个家庭，有时候会遇到对方正在吃饭，在这种情况之下，印尼人一定会说："来，跟我们一起吃饭"。邀你吃饭时，你不必客气。你若客气推辞，他们会认为你不懂礼貌。在印尼人家里，当你看到长相可爱的小孩，切莫抚摸小孩的头，如果你抚摸他的头，对方一定翻脸相向。

菲律宾风俗

菲律宾共和国，简称菲律宾。在碧波浩渺的太平洋西部，由7107个岛屿组成。95%属马来人种。90%以上的居民信奉基督数，有"亚洲唯一天主教国家"之称。菲律宾是一座风光秀丽的城市。

日常见面，无论男女都握手，男人之间有时也拍肩膀。菲律宾人天性和蔼可亲，善于交际，作风大方，所以，工作后的应酬也很多。稍为正式一点的宴请，请帖上就会注明"必须穿着无尾礼服等正装"。这时，假如没有无尾礼服，便可以穿上当地的正装——香蕉纤维织成的"巴隆塔卡乐库"衬衣，任何宴请都适用。据说，出席宴会时，尤其是家庭宴请，要尽量学着菲律宾人，放得轻松自在些，否则，若是显得很严肃，或者老是一本正经的话，反而会使女主人担心，因而就失礼了。菲律宾人的家庭观念很强，他们喜欢别人谈论他们的家庭。有一些菲律宾家庭，进屋要脱鞋，客人要看主人怎么做。如果你带了礼物，到主人家时再送，过后最好寄上一封简短的感谢信。

菲律宾属基督教国家，生活极为西方化，相处时勿提二次世界大战。菲律宾人，一般较随和。无论何时何地，他们都显得愉快乐观，好像从不知道忧愁为何物。跟这些人打交道，你就不能"面无表情"，或是"三缄其口"。你若是面无表情或一声不发，他们会认为你不怀好意，或是不愿意跟他们打交道。

菲律宾由于受地理条件等因素的影响，在饮食习惯上，大多数人（约占人口的70%）以大米为主食，少部分人以玉米为主食。许多地方的人用手抓饭进食，食前先要把手洗净。副食有肉类、海鲜、蔬菜等。他们一般偏于清淡，味鲜。早餐爱吃西餐，午餐、晚餐爱吃中餐，但中上层人士爱吃西餐，就餐时，他们一般喜欢用香辣调味品，但不宜太辣。在菲律宾，深受欢迎的名菜有咖喱鸡肉、虾子煮汤、肉类炖蒜、用炭火烤的整只小猪和抹上新鲜白干酪的米饼等。他们在饮食上还有一个特点，即男女都特别喜欢喝啤酒。菲律宾的内库利特人，素有黥刺的习俗。无论男女，内库利特人的小孩长到十二三岁时，都要举行黥刺仪式。他们认为，黥刺花纹，男子就会更加勇敢，女子就会更加美丽。

在一段相当长的历史时期，菲律宾曾是西班牙的殖民地。因此，菲律宾文化具有明显的西班牙化的特色；菲律宾的音乐，即使是民族音乐家的优秀作品，其曲调、节奏、旋律及感情色彩，也往往与西班牙音乐有许多相似之处。选举期间，禁止喝酒，商店里禁止售酒。

印度风俗

印度共和国位于南亚次大陆的南部，是个多民族国家。印地语为国语，英语为官方语言和商业用语。首都新德里，83%的居民信奉印度教。

印度各地大小寺庙和殿塔比比皆是，每天香客络绎不绝。进入寺庙大殿都要脱鞋，但允许穿袜子。有时能够在大殿旁租用套鞋，穿上即可入殿。进入锡克庙时，头上必须罩一块洁净的布，如手绢等。

虔诚的印度教徒有早睡早起的习惯。每天清晨冲完凉后做祷告，然后才开始工作。教徒们常在河水（特别是"圣河"恒河）中沐浴。他们相信，入河沐浴，可以洗刷过错。

牛被印度教教徒视为"圣兽"，印度教徒认为，牛既是繁殖后代的象征，又是人类维持生存的基本保证。就是在科学技术十分发达的今天，印度人对牛仍然是敬之如神。印度教不准吃牛肉，印度虽有养牛业，但只能提供牛奶、黄油及牛粪作燃料，喝牛奶是允许的。特别是水牛奶，印度人格外喜欢。牛虽然不能宰杀吃肉，少数地方有用做役牛（民间运输、耕地）。因此，在印度的一些城市、乡村里，老牛、病牛、残牛比比皆是，牛可以到处自由游荡，神圣不可侵犯。这么多的牛，成为国家的一个负担。印度拥有的牛达到3亿多头，人均拥有量居世界第一位，但经济上的作用并不大。印度僧侣每年还要举行一次仪式，叫"波高"，表示对牛的尊敬。他们还和商人举办了许多"圣牛养老院",将那些年迈体弱,不能自己觅食的老牛收养起来,一直到老死。

信奉伊期兰教的印度人不吃猪肉,虔诚的教徒不喝酒。

正统的锡克教徒不剪发,头上缠着头巾。他们不吸烟,也不吃牛肉。正统的穆斯林妇女一般不见男客,但邀请印度人参加社交活动时,也应邀请他们的妻子。

印度是一个讲礼节的民族,又是一个东西方文化共存的国度。有的印度人见到外国人时,能用标准的英语问候"你好",有的则用传统的佛教手势——双手合十。印度教徒见面和告别多施双手合十礼,并互相问好祝安。行礼时要弯腰触摸长者的脚。印度人在双手合十时,总是把双手举到脸部前才算合十。这种招呼,显得比握手高尚、文雅,令人有一种"仙风道骨"之感。你必须注意的是,切莫在双手合十的时候,也同时点头(外国人在印度常有这种动作,容易引起当地人的嗤笑),那就破坏了亲切和气的气氛,显得有点不伦不类了。

在印度,迎送贵宾时,主人献上花环,套在客人的颈上,妻子送丈夫出远门,最高的礼节是摸脚跟和吻脚。现在,城市中男女见面已多实行握手,表示亲热时还要拥抱。在大多数地方,男人相见或分别时,握手较普遍。男人不要和印度妇女握手,应双手合十,轻轻鞠躬。男人不要碰女人,即使在公共场合也不要和女人单独说话,妇女很少在共场所露面。

印度人认为吹口哨是冒犯人的举动,是没有教养的表现。他们认为把孩子放在浴盆里洗澡是不人道的。因为不流动的水为死水,孩子浴后会遭灾、夭折的。印度人喜欢谈论文化方面的成就、印度的传统以及外国的事和外国人的生活。

印度妇女喜欢在前额中间点有吉祥痣,其颜色不同,形状各异,

在不同情况下表示不同意思，它是喜庆、吉祥的象征。印度男女多有配带各种装饰品的习惯。

印度人身份悬殊，有等级制度，很重视身份。甲某高乙某的等级，甲乙就不能平起平坐，要求相当严格。

在印度，你若要进入印度教的寺庙，身上绝不可穿以牛皮制造的东西，穿上牛皮制造的东西，会被视为犯了禁戒，皮鞋、皮表带、皮带、手提包等牛皮制品，都不得入其寺门。印度人走进寺庙或厨房之前，先要脱鞋。他们认为，若穿鞋进去，既不礼貌，也不圣洁。不论男女老幼，统统把鞋放在门口，赤脚进去。

印度人爱喝茶，大多是红茶。各种集会，中间休息时也备有茶水，招待客人自不必说。在印度人家里吃饭时，客人可以给主人带些水果、糖作为礼品，也可以给主人的孩子带些礼物。很多妇女不同客人聊天，也不同客人一起吃饭。

印度人喜爱3、7、9数字。他们认为红色责示生命、活力、朝气和热烈，蓝色表示真诚。阳光似的黄色表示光辉壮丽。绿色责示和平、希望。紫色表示心境宁静。印度人在生活和服装色彩方面喜欢红、黄、蓝、绿、橙色及其他鲜艳的颜色。黑、白色和灰色，被视为消极的不受欢迎的颜色。

印度人吃饭大多使用盘子，千万注意，吃饭时，只准用右手递接食物，别用左手。与印度人接触时，切忌用左手递东西给他。因为他们认为左手肮脏，右手干净。吃饭用右手抓取，不但吃米饭用手抓，就连稀粥也能用手抓入口中。在印度，除上洗手间外均不使用左手。伸左手就是对别人的侮辱，弄不好他们会把你用左手递的东西砸烂，盛怒之下，还可能臭骂你一通。

在印度如摸小孩的头，对方一定翻脸。最容易引人误会的是，印度人平常表示同意或肯定的动作是摇摇头，或先把头稍微歪到左边，然后立刻恢复原状，表示"Yes"、"知道了"、"好的"，与我们点头表示差别很大，最易使人误会。

巴基斯坦风俗

巴基斯坦伊斯兰共和国，简称巴基斯坦，位于南亚次大陆的西北部。主要民族有旁遮普族。首都伊斯兰堡。

巴基斯坦是穆斯林世界中伊斯兰教最盛行的国家之一，绝大部分人都信奉伊斯兰数，居民的生活习俗和饮食起居都深受伊斯兰教的影响，伊斯兰教为国教。

在巴基斯坦绝对禁止饮酒。在饭店里或商店里买不到任何酒，就连啤酒也是见不到的，酗酒闹事更是没有。

巴基斯坦人很注重礼节，彼此见面时必须先要说："阿斯兰姆阿莱古姆"，意即"真主保佑"。若久别重逢时，还常以拥抱为礼。他们的拥抱礼很独特，双方通常要头靠左边拥抱一次，再靠右边拥抱一次，再靠左边一次，如此三遍，毫不马虎。对久别相逢的挚友、贵宾或亲人，他们通常还给对方戴上花环。花环有的由鲜花制作，香气扑鼻；有的全由金箔或银箔编成，挂在胸前，闪烁生辉。见面时多以握手为礼，但男子见了女子不能握手，除非女子主动伸手，方可相握，也不要在公共场所碰到女人身体。对巴基斯坦人要称呼姓，并加上对方的头衔。

巴基斯坦人禁止吃猪肉，他们喜欢牛肉、羊肉和鸡鸭。一般不抽烟，不喝酒，不让女性见客人，吃饭时只邀请男客而不请其夫

人，即使你请了巴基斯坦人和他的夫人吃饭，他的夫人也常常不参加。他们更不喜欢让女性就业。女性也很少会在街上行走，因而，购物也大都是男人办的事。巴基斯坦很多传统食品是用手抓食，但须注意，只能用右手。青年的婚事都由双方父母做主，而且在结婚前男女双方是不能见面的。甚至，婚礼的宴席，也是男女分开的。而且，男宾客和女宾客的入口，也各自分立，而成为男宾客围着新郎，女宾客围着新娘的状态。因此，男宾客根本就看不到新娘，女宾客也见不到新郎。至于商业宴请，则自然地变成清一色的男性了。商谈是不可以用电话的，必须亲自访问对方，促膝而谈，才能有所进展，更须注意的是，口说无凭，因此，任何约定，都必须有书面的字据。因为依照他们的习惯，连结婚时，都要订立契约，收取离婚保证金的。为了确定责任，留个书面证据十分重要。

在巴基斯坦，一般流行鲜明的色彩，其中以翡翠绿为最盛。在巴基斯坦，黄色会引起宗教界及某些政治性的嫌恶，因为婆罗门教僧侣们所穿的长袍（礼服）是黄色。居民视黑色为消极，绿色、银色、金色及鲜艳的颜色倍受当地人们的欢迎。

巴基斯坦人97%以上是穆斯林，肉食来源主要是牛、羊、鸡。但宰杀时必须按教法规定念"真主至大"，按规定宰杀。当地人吃饭时往往同时喝凉水，饮食、饮水最好在饭店里。水要煮开后才喝，当地的蔬菜、水果相当丰富。

由于巴基斯坦人多信仰伊斯兰教，所以他们严忌男女当众拥抱或接吻，并认为当众接吻是一种罪恶，须罚款并坐牢一周。另外，女子在街上时，严禁眼皮乱转或"飞眼"，并禁忌别人为自己拍照，否则，将被视为犯有淫荡罪。巴基斯坦不仅不准外人给女子拍照，甚至，凡是有女子的地方，如村子、宅院、树林、河畔等处，都不准外人拍照。巴基斯坦人洗澡一般习惯用壶冲洗或淋浴，不洗盆池澡。他们认为盆池澡是不洁净的。

阿联酋风俗

阿拉伯联合酋长国简称阿联酋，位于阿拉伯半岛东南端。由7个小酋长国联合组成：阿布扎比、迪拜、沙迦、玛角、阿治曼、富查伊拉和乌姆盖万，素有"油海七珍"之称，居民大多信奉伊斯兰教，是一个政教合一的国家，阿拉伯语为官方语言，英语为公共语，做生意、买东西都可以用英语交谈。

根据阿拉伯联合酋长国的商务礼俗，冬天访问宜穿保守式样西服。访问政府办公厅及大公司须先订约会。参与政府机构的投标

时，非得通过当地的代理来进行不可。另外，要设立公司时，也需有当地的担保人出面才行。签证的取得，通常是由当地的客户，也就是所谓的担保人拍发电报，凭电文在机场取得签证，和其他中东地区国家的商业习惯相同，在阿联酋做生意，你得谦虚有礼并有耐心，销售姿态务必要低。本地商人不喜欢与派驻在沙特阿拉伯或其他邻边国家的商务代表谈判，他们愿直接和制造厂商打交道。

当地的禁忌有，酒类、裸体照片不准携入。伊斯兰教徒不吃猪肉、不饮酒。对他们来说，喝酒是直通罪恶之路。外商进关时，本人自用的酒，限带一瓶，可以过关，但两瓶以上或是犹太人企业的产品，如可口可乐等，就不准通关。带酒通关，容易招惹是非。斋戒期间禁止在室外吃东西、抽烟。

人们喜爱棕色、深蓝色，禁忌粉红、黄、紫色，喜爱羚羊，若以猪、十字架、六角形作图案视为禁忌。下班以后，当地商人喜欢到咖啡店聚坐，此地无夜总会，晚宴总是在对方家中进行。

北京天安门

天安门坐落在首都北京的市中心，故宫的南侧，与天安门广场隔长安街相望，是明、清两代皇城的大门。1949 年 10 月 1 日，中华人民共和国在这里举行了开国大典，它由此成为现代中国的象征，并被设计入国徽。天安门以其五百多年厚重的历史内涵，高度浓缩的中华古代文明和现代文明，新中国的象征和无与伦比的政治瞩目和神往，是我国各族人民向往的地方。

天安门始建于明永乐十五年（1417年），1420年建成。天安门位于北京城的传统的中轴线上，由城台和城楼两部分组成，造型威严庄重，气势宏大，是中国古代城门中最杰出的代表作。城楼通高37.4米，建于巨大条石砌成的须弥座式城台天安门夜景上，红墙、黄瓦、五个拱形券门，金碧辉煌，蔚为壮观。城楼上60根朱红色通天圆柱，地面金砖铺成，一平如砥；高大而色彩浓郁的墙台，上有两层重檐楼，有黄色琉璃瓦，东西九间，南北五间，象征皇权的"九五之尊"。南北两面均为菱花格扇门，36扇朱红菱花门扉；天花、门拱、梁枋上雕绘着传统的金龙彩绘和吉祥图案；贴金的"双龙合玺"彩锦，团龙图案的天花藻井，使整个大殿庄严雄伟，金碧辉煌。殿内由一个450公斤八角宫灯和16个各重350公斤的六角宫灯组成的众星捧月图案。城台下有券门五阙，中间的券门最大，位于北京皇城中轴线上，过去只有皇帝才可以由此出入。现在正中门洞上方悬挂着巨大的毛泽东画像，两边分别是"中华人民共和国万岁"和"世界人民大团结万岁"的大幅标语。门前开通的金水河，一枕碧流。天安门前的七座精美的汉白玉桥，一般称为金水桥。桥面略拱，桥身如虹，构成绮丽的曲线美。桥南东西两侧，各有汉白玉石华表矗立，云绕龙盘，极富气势。

北京天坛

北京天坛地处北京，在原北京外城的东南部。位于故宫正南偏东的城南，正阳门外东侧。始建于明朝永乐十八年（1420年）。是

中国古代明、清两朝历代皇帝祭天之地。总面积为 273 公顷。是明清两代帝王用以"祭天"、"祈谷"的建筑。1961 年，国务院公布天坛为"全国重点文物保护单位"。1998 年被联合国教科文组织确认为"世界文化遗产"。2009 年，北京天坛入选中国世界纪录协会中国现存最大的皇帝祭天建筑。

北京天坛占地 272 万平方米，整个面积比紫禁城（故宫）还大些，有两重垣墙，形成内外坛，主要建筑祈年殿、皇穹宇、圆丘。圆丘建造在南北纵轴上。坛墙南方北圆，象征天圆地方。圆丘坛在南，祈谷坛在北，二坛同在一条南北轴线上，中间有墙相隔。圆丘坛内主要建筑有圆丘坛、皇穹宇等，祈谷坛内主要建筑有祈年殿、皇乾殿、祈年门等。年殿建于明永乐十八年（1420 年），初名"大祀殿"，是一个矩形大殿。祈年殿高 38.2 米，直径 24.2 米，里面分别寓意四季、十二月、十二时辰以及周天星宿，是古代明堂式建

筑仅存的一列。圜丘建于明嘉靖九年。每年冬至在台上举行"祀天大典",欲称祭天台。回音壁是天库的圆形围墙。因墙体坚硬光滑,所以是声波的良好反射体,又因圆周曲率精确,声波可沿墙内面连续反射,向前传播。

中国长城

　　长城是中华文明的瑰宝,也是世界文化遗产,可与埃及金字塔齐名,是人间的奇迹。在遥远的两千多年前,劳动人民以血肉之躯修筑了万里长城,谈何容易。长城是中国古代人民智慧的结晶,是中华民族的象征。

　　因长度逾万里,故又称做"万里长城"。据记载,秦始皇使用了近百万劳动力修筑长城,占全国人口的1/20。当时没有任何机械,全部劳动都得靠人力,而工作环境又是崇山峻岭、峭壁深壑,十分艰难。春秋战国时期,诸侯各国为了防御别国入侵,修筑烽火台,用城墙连接起来,形成最早的长城。以后历代君王大都加固增修。长城东起河北省山海关,西至甘肃嘉峪关,从东向西行经10个省区市。长城的总长度为8851.8千米,其中人工墙体长度为6259.6千米,壕堑和天然形成长度为2592.2千米。

北京故宫

北京故宫，又名紫禁城，位于北京市中心，今天人们称它为故宫，意为过去的皇宫。无与伦比的古代建筑杰作，世界现存最大、最完整的古建筑群。

故宫始建于公元 1406 年，1420 年基本竣工，是明朝皇帝朱棣始建。故宫南北长 961 米，东西宽 753 米，面积约为 72.36 万平方米。建筑面积 15.5 万平方米。相传故宫一共有 9999 间半，实际据1973 年专家现场测量故宫有大小院落九十多座，房屋有 980 座，共计 8707 间（而此"间"并非现今房间之概念，此处"间"指四根房柱所形成的空间）。宫城周围环绕着高 12 米，长 3400 米的宫墙，形式为一长方形城池，墙外有 52 米宽的护城河环绕，形成一个森严壁垒的城堡。故宫宫殿建筑均是木结构、黄琉璃瓦顶、青白石底座，饰以金碧辉煌的彩画。故宫有 4 个门，正门名午门，东门名东华门，西门名西华门，北门名神武门。

故宫的建筑依据其布局与功用分为"外朝"与"内廷"两大部分。"外朝"与"内廷"以乾清门为界，乾清门以南为外朝，以北为内廷。故宫外朝、内廷的建筑气氛迥然不同。

外朝以太和、中和、保和三大殿为中心，是皇帝举行朝会的地方，也称为"前朝"。是封建皇帝行使权力、举行盛典的地方。此外两翼东有文华殿、文渊阁、上驷院、南三所；西有武英殿、内务府等建筑。

内廷以乾清宫、交泰殿、坤宁宫后三宫为中心，两翼为养心殿、东西六宫、斋宫、毓庆宫，后有御花园。是封建帝王与后妃居住之所。内廷东部的宁寿宫是当年乾隆皇帝退位后养老而修建。内廷西部有慈宁宫、寿安宫等。此外还有重华宫、北五所等建筑。

北京四合院

在北京城大大小小的胡同中，坐落着许多由东、南、西、北四面房屋围合起来的院落式住宅，这就是四合院。

四合院的大门一般开在东南角或西北角，院中的北房是正房，正房建在砖石砌成的台基上，比其他房屋的规模大，是院主人的住室。院子的两边建有东西厢房，是晚辈们居住的地方。在正房和厢房之间建有走廊，可以供人行走和休息。四合院的围墙和临街的房屋一般不对外开窗，院中的环境封闭而幽静。

北京有各种规模的四合院，但不论大小，都是由一个个四面房屋围合的庭院组成的。最简单的四合院只有一个院子，比较复杂的有两三个院子，富贵人家居住的深宅大院，通常是由好几座四合院

并列组成的。中间还有一道隔墙。这种四合院，是在新中国成立前留下来的，而且现在仍然沿用着。这种院落，一般采用出入一个院门。平时，院门一关，处于一种完全封闭状态。四合院的院门，大都采用木板大门。厚厚的木板制成的大门一端，上下都放在轴心里，左右旋转，可以关开闭合，安全、可靠。四合院中，有正房，即北房。这是院中的主房，而且，一般四合院的走向也是坐北向南的。东西两侧，为东西厢房。东西厢房，一般都比较对称，建筑格式也大体相同或相似。南面建有南房，与北房相对应。整个四合院，大都按照中国传统的习惯，采用对称的办法建筑而成。当然，在南北、东西房形成的角落中，也有耳房。这种耳房，有的用来储存粮食，成为粮库及其他库房，也有的做厨房，还有一个角落，一般是西南角为厕所，而东南角，则大都是院子的大门，这种四合院子的程式，在山西的县城及其附近的农村是较为普遍的。也有一些地方的院落，大门是开在南向中央的。

有些家庭，为了把院落装饰点缀一番，还在院落一进门处的正对面，修建一个影壁，也即是一堵砖墙。在正对大门的这一面，一般都有花卉、松竹图案或者大幅的书法字样醒目地放置影壁正面。上书"福"、"禄"、"寿"等象征吉祥的字样。也有一部分影壁，绘上吉祥的图案，如"松鹤延年"、"喜鹊登梅"、"麒麟送子"等等，给四合院内制造了一种书香翰墨的气氛。也有的农家，采用"五谷丰登"、"吉祥如意"、"福如东海"的字样或图画。这种影壁，设在大门之内的迎门处，有的是单独建筑的，有的是镶在厢房山墙上的。影壁，也称照壁，壁身都为正方形，四周用砖雕装饰，中间的方块为书法或者绘画。照壁分为基座和壁身两个部分，除去给庭院增加气氛，祈祷吉祥之外，照壁也起到一种使外界难以窥视院内活动的隔离作用。

院内，有用石板铺设地面的，也有用砖铺地的，还有用鹅卵石铺地的，不尽相同。有的是院内地面全部铺设的，也有把主要通道铺设的，无论是怎样铺，院内总要留出几块地方种树，栽花，作为庭院的点缀。

随着时代的发展，如今在建筑上已经有很多变化。农村中，大都从原有的四合院基础上发生了大的演变。这就是，扩大正房的房间数，因为正房（北房）采光好。因而，在盖房时，尽可能地充分利用北边的空间、地面，这就使院落成为不规则形，以北房为主的正房前面形成的一个方形或长方形院落。

四合院内宅居住的分配是非常严格的，内宅中位置优越显赫的正房，都要给年纪大的人居住。

西北黄土高原的窑洞

我国黄河中上游一带，是世界闻名的黄土高原。生活在黄土高原上的人们因为没有房子，就利用那里又深又厚、立体性能极好的黄土层，建造了一种独特的住宅——窑洞。窑洞又分为土窑、石窑、砖窑等几种。土窑是靠着山坡挖成的黄土窑洞，这种窑洞冬暖夏凉，保温隔音效果最好。石窑和砖窑是先用石块或砖砌成拱形洞，然后在上面盖上厚厚的黄土，又坚固又美观。由于建造窑洞不需要钢材、水泥，所以造价比较低。随着社会的发展，人们对窑洞的建造不断改进，黄土高原上冬暖夏凉的窑洞越来越舒适美观了。

客家土楼

　　土楼是广东东北、福建西南等地客家人的住宅。客家人的祖先是一千九百多年前从黄河中下游地区迁移到南方的汉族人。因为客家人的居住地大多在偏僻、边远的山区，客家先民为了防范盗匪骚扰，保护家族的安全，就创造了这种庞大的民居——土楼。一座土楼里可以住下整个家族的几十户人家，几百口人。土楼有圆形的，也有方形的，其中，最有特色的是圆形土楼。圆楼由两三圈组成，外圈十多米高，有一二百个房间。他们不分贫富、贵贱，每户人家平等地分到底层至高层各一间房，其用途十分统一，一层是厨房和餐厅，二层是仓库，三层、四层是卧室。第二圈两层，有30~50个房间，一般是客房；中间是祖堂，能容下几百人进行公共活动。土楼里还有水井、浴室、厕所等，就像一座小城市。客家土楼的高大、奇特，受到了世界各国建筑大师的称赞。

　　客家民居是中国南方山区的建筑奇葩，它那独特的风格吸引了众多中外学者、游客甚至美国的军事专家。

傣家竹楼

傣族人居住区地处亚热带，气温高，因此傣族竹楼都在平坝近水之处，小溪之畔大河两岸，湖沼四周。凡翠竹围绕、绿树成荫的处所，必定有傣族村寨。大的寨子集居二三百家人，小的村落只有十多家人。房子都是单幢，四周有空地，各人家自成院落。腾龙沿边的住宅，多土墙平房，每一家屋内亦间隔为三间，分卧室客堂，这显然是受汉人影响，已非傣族固有的形式；思普沿边则完全是竹楼木架，上以住人，下栖牲畜，式样皆近似一大帐篷，这与《淮南子》所记"南越巢居"的情形完全符合，也正是史书所记古代僚人"依树积木以居"的"干阑"住宅，这算是傣族固有的典型建筑。

这类竹楼下层高约七八尺，四无遮栏，牛马拴束于柱上。上层近梯处有一露台，转进即为一长形之大房，用竹篱隔出一个角来做主人的卧室并兼重要钱物的存储处；其余便是一大敞间，屋顶不甚高，两边倾斜，屋檐及于楼板，故无窗。若屋檐稍高者，则两侧亦有小窗，后面亦开一门，楼的中央是一个火塘，无论冬夏，日夜燃烧不熄，煮饭烹茶，都在这火上，主客集谈，也都围炉而蹲或坐。屋顶用茅草铺盖，梁柱门窗楼板全部用竹制成。此种住宅的建筑，极为便易，只须伐来大竹，约集邻里相帮，数日间便可造成；但也极易腐毁，每年经雨季后，便须重加修补。土司头人的住宅，多不用竹而以木建，式样仍似竹楼，只略高大，不铺茅草而改用瓦盖

顶。西双版纳境内，傣族自己能烧瓦，瓦如鱼鳞，三寸见方，薄仅二三分，每瓦之一方有一钩，先于屋顶椽子上横钉竹条，每条间两寸许，将瓦挂竹条上，如鱼鳞状，不再加固，故傣族屋顶是不能攀登的。若瓦破烂需要更换，只须在椽子下伸手将破瓦除下，再将新瓦勾上就可。

这种上面住人下面养牛马的屋宇，在西南边区中普遍可以见到，例如哈尼、景颇、傈僳以至苗、瑶、黎诸族，住屋建筑也如此式，唯下层多用大石或泥土筑为墙壁。傣族的竹楼，则是下层四面空旷，每晨当牛马出栏时，便将粪便清除，使整日阳光照射，德住在上层的人，不致被秽气熏蒸。

土家族吊脚楼

土家族爱群居，爱住吊脚木楼。建房都是一村村，一寨寨的，很少单家独户。所建房屋多为木结构，小青瓦，花格窗，司檐悬空，木栏扶手，走马转角，古香古色。一般居家都有小庭院，院前有篱笆，院后有竹林，青石板铺路，刨木板装壁，松明照亮，一家过着日出而作、日落而息的田园宁静生活。

赵州桥

赵州桥，又名安济桥（宋哲宗赐名，意为"安渡济民"），位于河北赵县洨河上，它是世界上现存最早、保存最好的巨大石拱桥。赵州桥入选中国世界纪录协会世界最早的敞肩石拱桥，创造了世界之最。被誉为"华北四宝之一"。桥长50.82米，跨径37.02米，券高7.23米，两端宽9.6米，中间略窄，宽9米。是当今世界上跨径最大、建造最早的单孔敞肩型石拱桥。因桥两端肩部各有两个小孔，不是实的，故称敞肩型，这是世界造桥史的一个创造（没有小拱的称为满肩或实肩型）。

赵州桥建于公元605年，距今一千四百多年，经历了10次水灾，8次战乱和多次地震，特别是1966年邢台发生的7.6级地震，邢台距这里有40多公里，这里也有四点几级地震，赵州桥都没有被破坏，著名桥梁专家茅以升说，先不管桥的内部结构，仅就它能够存在1300多年就说明了一切。

秦始皇陵

秦始皇陵位于西安市临潼区，距西安市城区约37公里，南倚骊山，北临渭水。秦始皇陵墓近似方形，顶部平坦，腰略呈阶梯

形，高 76 米，东西长 345 米，南北宽 350 米，占地 12.075 万平方米。根据初步考察，陵园分内城和外城两部分。内城呈方形，周长 3000 米左右，北墙有 2 门，东、西、南 3 墙各有 1 门。外城呈矩形，周长 6200 余米，四角各有门址一处。内、外城之间有葬马坑、珍禽异兽坑、陶俑坑。陵外有马厩坑、人殉坑、刑徒坑、修陵人员墓葬 400 多个，范围广及 25～56 平方公里。陵墓地宫中心是安放秦始皇棺椁的地方。

1974 年以来，在陵园东 1.5 公里处发现从葬兵马俑坑三处，成品字形排列，面积共达 2 万平方米以上，出土陶俑 8000 件、战车百乘以及数万件实物兵器等文物。其中一号坑埋葬着和真人真马同大的陶俑、陶马约 6000 件；二号坑有陶俑、陶马 1300 余件，战车 89 辆；三号坑有武士俑 68 个，战车 1 辆，陶马 4 匹。

1980 年又在陵园西侧出土青铜铸大型车马 2 乘。这组彩绘铜车马高车和安车，是迄今中国发现的体形最大、装饰最华丽、结构和系驾最逼真、最完整的古代铜车马，被誉为"青铜之冠"。秦始皇陵园除从葬坑外，还发现石料加工场的遗址，建筑遗物有门砧、柱础、瓦、脊、瓦当、石水道、陶水道等。秦始皇陵规模之大可见一斑。

那达慕大会

那达慕是我国蒙古族人民具有鲜明民族特色的传统活动，也是蒙古族人民喜爱的一种传统体育活动形式。锡林郭勒盟的那达慕最具代表性。

"那达慕"是蒙古语的译音，意为"娱乐、游戏"，以表示丰收的喜悦之情。每年农历六月初四（多在草绿花红、羊肥马壮的阳历七八月）开始的那达慕，是草原上一年一度的传统盛会。

那达慕或以嘎查（村屯）、苏木（区乡）为单位，或以旗县为单位举行。那达慕分为大、中、小三种类型。大型那达慕，摔跤选手为512名，骏马300匹左右，会期7～10天；中型那达慕，摔跤手256名，马100～150匹，会期5～7天；小型那达慕，摔跤手64名或128名，马30或50匹左右，会期3～5天。无论何种民族与宗教信仰的人，均可报名参加。

泰姬陵

泰姬陵是印度知名度最高的古迹之一，在今印度距新德里二百多公里外的北方邦的阿格拉城内，亚穆纳河右侧。它是莫卧儿王朝

第五代皇帝沙贾汗为了纪念他已故的皇后阿姬曼·芭奴而建立的陵墓，被誉为"完美建筑"。它由殿堂、钟楼、尖塔、水池等构成，全部用纯白色大理石建筑，用玻璃、玛瑙镶嵌，绚丽夺目、美丽无比。有极高的艺术价值。是伊斯兰教建筑中的代表作。2007 年 7 月 7 日，成为世界八大奇迹之一。

泰姬陵于 1631 年开始动工，历时 22 年，每天动用 2 万役工。除了汇集全印度最好的建筑师和工匠，还聘请了中东、伊期兰地区的建筑师和工匠，更是耗竭了国库（共耗费 4000 万卢比），这导致莫卧尔王朝的衰落。

泰姬陵是用从 322 公里外的采石场运来的大理石造的，但它却不是有些照片里的那种纯白色建筑。成千上万的宝石和半宝石镶嵌在大理石的表面，陵墓上的文字是用黑色大理石做的。从一道雕花的大理石围栏上可以看到出色的手艺。阳光照射在围栏上时，它投下变化纷呈的影子。

泰姬陵最引人瞩目的是用纯白大理石砌建而成的主体建筑，皇陵上下左右工整对称，中央圆顶高 62 米，令人叹为观止。四周有四座高约 41 米的尖塔，塔与塔之间耸立了镶满 35 种不同类型的半宝石的墓碑。陵园占地 17 公顷，为一略呈长形的圈子，四周围以红沙石墙，进口大门也用红岩砌建，大约两层高，门顶的背面各有十一个典型的白色圆锥形小塔。大门一直通往沙贾汗王和王妃的下葬室，室的中央则摆放了他们的石棺，壮严肃穆。泰姬陵的前面是一条清澄水道，水道两旁种植有果树和柏树，分别象征生命和死亡。泰姬陵庄严雄伟的门道象征着天堂的入口，上方有拱形圆顶的亭阁。毫无疑问，泰姬陵是世界上完美艺术的典范。基本上由大理石建成的建筑毫无瑕疵，月光之下的泰姬陵更给人一种恍若仙境的感觉。它不仅表达了沙贾汗对爱妻的深切纪念，也是他给人类的一份厚礼。

吴哥窟

　　吴哥窟离暹丽约 6 公里，是柬埔寨人最大的骄傲。占地约 208 公顷的吴哥窟是世界上最大的宗教建筑物，与其他世界奇观如泰姬陵或金字塔等齐名；不同的是它并非陵墓，而是一个提供心灵慰藉的宗教中心。建立这座伟大寺庙的高棉国王是神勇善战的苏利亚瓦尔曼二世。他于 1113 年即位后便积极开拓疆土，兴兵占领邻国国土，领地跨越马来半岛东海岸等地，但他最伟大的贡献还是成就了吴哥窟。

　　苏利亚瓦尔曼二世建立吴哥窟是为了供奉兴都教的维希奴神。由于维希奴神的代表方向是西方，所以吴哥窟是吴哥古迹里少数大门朝西的建筑。由于西面亦代表死亡，高棉人也把吴哥窟称为葬庙。

　　吴哥窟建立期间，苏利亚瓦尔曼二世出动了全国最好的工匠、彩绘师、建筑师及雕刻家，历时 37 年才完工。整座建筑以大石一块块砌成，没用上石灰水泥，更没用上钉子梁柱，充分展示出古人的建筑巧思。

　　吴哥窟的建筑可分东西南北四廊，每廊都各有城门。从西参道进去，经一段长达约 600 米的石板路后，方是正门。伫立在吴哥窟的外墙往里头看，有一种因为震撼所带来的木然的感觉，虽然已成废墟，但是这座建筑还是很壮观，很难想象在它全盛时期的磅礴气势。

爪哇的婆罗浮屠

　　印度尼西亚爪哇的婆罗浮屠是最奇异的佛教塔庙。它竖立在周围的丛林树冠之上，像一个巨大的花式冰蛋糕。塔庙由夏连特拉王朝的佛教统治者建于公元8—9世纪。

　　婆罗浮屠呈金字塔形，可拾级而上。它有一个正方形的塔基，由5层带边的墙的平台组成，并装饰着数以千计的反映佛陀生活的雕刻。方形平台上是4层圆形平台，上面竖立着72座钟形佛塔或佛龛，每座佛塔内有一尊佛像。各层平台向上依次收缩，在顶部有一座主佛塔。

　　佛教徒必须按特定的路线登婆罗浮屠。从东面进入，按顺时针方向绕行，走向庙顶象征着一个人逐步达到完美的精神境界。

　　在1006年，婆罗浮屠周围的居民因地震和附近一座火山喷发而纷纷逃离。这个地区似乎已被遗弃，直到1814年才重新被发现。在20世纪70年代和80年代，对婆罗浮屠进行了一次大规模的修缮，用电脑技术将石块进行复位。

非洲文化地理篇

文化地理

莫桑比克风俗

　　莫桑比克是个位于非洲东南部的滨海国家，是一个多民族多宗教的国家，全国共有 60 多个部族，而且 99% 的居民是公元 4 世纪前后从西非沿海地区陆续移居到这里的班图人的后裔，大多数人信奉拜物教，其余的人分别信奉伊斯兰教、天主教、基督教新教和印度教，风俗礼仪带有明显的班图语系非洲土著黑人的特点。

　　莫桑比克人的姓名构成的规律是，姓在后而名在前。在多数情况之下，是本名＋母名＋父姓，或者是本名＋母姓＋父姓。已婚妇女性名构成是，本名十母姓（或者是母名）＋父姓＋丈夫姓。莫桑比克人的本名可以是一个单词，也可以是两个单词，姓也可能是单姓也可能是复姓，如洛博就是单姓，多斯·桑托斯就是复姓。一个人的姓名可能由六七个单词组成，也可能更多。随着时代的发展和社会的对外开放，莫桑比克现在许多人，特别是那些年轻人，已经开始出现不按传统的固定格式取名的趋势，例如舍去母姓或者母名，而是用一个亲朋好友的姓或者名；已婚妇女不再在自己原来的姓名后面加上丈夫姓的情况也已经开始出现。

　　莫桑比克人重视礼貌，讲究礼仪，十分看重见面时的称谓语言。在莫桑比克人的社会交往活动中，对于一般男性可以称之为"先生"，对于已婚女性可称之为"夫人"，对未婚女性可以称之为"小姐"或者"姑娘"。对于无法判断对方婚姻状况者，除年轻姑娘之外，一般均可称之为"夫人"，这是因为在莫桑比克，"夫人"这一称谓除表示已经结婚的含义外，还有"女士"、"贵夫人"的含义，是对女性的一种尊敬和礼貌的称谓。莫桑比克社会有敬老的习惯，年轻人遇见上了年纪的人，即使是陌生者，也应当称对方为"老爷爷"、"老奶奶"，对于那些比自己年长的人可以称之为"大叔"或者"大妈"等，朋友之间可以称为兄弟、姐妹等，至爱亲朋之间可以用爱称，如萨莫金娜可称为"金娜"、"我亲爱的金娜"等。

　　莫桑比克人中流行着"同志"这一称谓，但基本上仅限于执政党成员之间，如果是政党之间的友好交往也可以称"同志"。在莫桑比克还习惯于将职业、学位、军衔等同先生、同志或姓名联称，但因为莫桑比克人的姓名一般都比较长，称呼姓名时习惯于称呼对方的姓，有时也称呼对方的本名加父姓，如"厂长先生"、"厂长同志"、"布拉加厂长"、"布拉加厂长同志"等。对于那些部长级以上的政府高级官员则要称"阁下"，执政党内可以将职务加上同志联称，如"部长阁下"、"部长同志"、"总统阁下"、"总统同志"等。莫桑比克人的上下级等级观念比较明显，下级对上级的称呼也比较讲究，通常是将职务与先生联称，如"连长先生"、"主席先生"等。上级对下级，多不称对方为先生或者同志，而是直呼对方的姓名，显得非常自然，十分亲切。

　　莫桑比克人性格开朗，待人热情，注意见面的问候礼节。莫桑比克人遇见外国客人时，总是主动打招呼，热情问候，握手致意。

无论是在城市，还是在乡村，也不论男女老幼，均是非常有礼貌地对客人说"您好"、"见到您真高兴"、"您的身体好吗"、"您到莫桑比克后还习惯吗"、"我本人能够为您做点什么事情呢"等。如果遇见久别重逢的好朋友，除握手致意外，还要相互拥抱亲面颊，显得异常亲密和友好。女士们相见时，问候的方式往往是拥抱和亲吻。男女相遇，属于初次见面，相互多是点头微笑致意，如果女士伸出手，男士可以伸手同其握手；关系亲密的异性朋友之间见面，不仅可以相互握手，而且男士还可以主动，但仅仅是礼节性地亲吻一下女士的腮部。

同许多非洲国家相似，莫桑比克人在公务场合或者商务活动中，多请客人到饭店、宾馆参加正式的宴请，品尝西餐，采用自助方式，饮料和饭菜由各人自取，客人吃与不吃，或者吃多吃少，完全由客人自己决定。莫桑比克人同外国客人接触多次成为朋友之后，他们十分高兴请客人到家中做客，而且要拿出家中最好的食品款待。如果是客人主动要求到莫桑比克人家中拜访，最好应当事先约定时间，选择主人认为比较方便的时间前往，而且应当是准时赴约，提前或者迟到都是不合适的，因为提前会给主人造成准备不足的尴尬局面，迟到会浪费主人的宝贵时间，违约更是一种不礼貌的举动。如果事先知道主人会留下吃饭，带一些有纪念意义的礼物送给主人是非常必要的。客人按事先约定的时间抵达，主人会在家中恭候，有的主人还会到院门外迎接。宾主相见，热情问候一番，主人便引导客人进入客厅。客人进门后，主人会首先讲一些表示欢迎或祝福的话语，随后用饮料和水果招待客人。在莫桑比克，待客的饮料通常有桔子汁、木瓜汁、腰果汁、矿泉水、腰果酒、香蕉酒、木瓜酒、芒果酒、凉开水等。在待客的水果中，除香蕉、桔子、木瓜、芒果、西瓜等热带水果外，几乎家家是少不了腰果的，这是因

为莫桑比克是当今世界上重要的腰果生产国和出口国，腰果是国家的重要出口物资，使用腰果汁、腰果酒、腰果仁招待客人是重要的礼仪。

莫桑比克人请客人喝过饮料，吃过水果，便要请客人品尝传统的饭菜。他们待客的主食有大米、玉米、木薯等，副食有牛肉、羊肉、鸡肉、海鱼、海虾、西红柿、豆角、土豆、青椒、洋葱等。当地人用大米饭招待客人有两种吃法：一种是白米饭煮成八成熟后往上面浇一层滚开的牛肉西红柿浓汁，另一种是米饭煮熟后加入肉丁、胡萝卜丁、盐等再焖到烂熟。这两种吃法都味道鲜美。

非洲舞蹈

非洲居民，男女老幼，不仅能歌，而且善舞。唱歌跳舞，是非洲大陆上最普遍、最受欢迎的民间传统娱乐活动形式，非洲人的生活中时时刻刻都离不开歌和舞。非洲的舞蹈拥有如此广泛的群众基础，难怪人们将非洲称为"一个热情奔放的歌舞之乡"。

非洲舞蹈有着悠久的历史，据说早在 6000 年前非洲大陆就已经出现了舞蹈。舞蹈是非洲民族最古老、最普遍、最主要的艺术表现形式，是非洲光辉灿烂文化的宝贵遗产。非洲舞蹈种类繁多，大体上可以分为撒哈拉沙漠以南的黑人舞蹈和流行非洲北部地区的阿拉伯舞蹈两大类。黑人舞蹈又可以分为传统的仪式性舞蹈和民间的娱乐性舞蹈。非洲舞蹈是非洲劳动人民在生产活动中创造出来的，多用来表现烧荒、播种、收割、狩猎等场面以及人们对图腾的崇

拜，保持着淳朴的民族风格，具有古香古色的特点。

非洲舞蹈动作粗犷有力，旋律强烈感人。舞蹈者常常剧烈地甩动头部、起伏胸部、屈伸腰部、摆动胯部、扭动臂部、晃动手脚、转动眼珠等，几乎身体的每一个部位都在剧烈地运动。不消几分钟工夫，舞蹈者就会汗流浃背，气喘吁吁，个个表演得如痴如醉，一丝不苟。在非洲的许多地方舞蹈中，男人们赤裸着上身，涂着黑白相间的花纹，下身围着用各种各样兽皮制成的裙衣，头上插着各种颜色的羽毛。妇女们身着古典式民族服装，手腕和脚腕上缠绕着一串串贝壳、兽骨片以及小铃铛，贝壳和铃铛发出悦耳的响声，羽毛和兽皮似彩云飘动，使观看者眼花缭乱，耳目一新。在非洲，舞蹈犹如盛开的鲜花，普遍受到人们的喜爱和赞誉。

胡夫金字塔

在埃及首都开罗郊外的吉萨，有一座举世闻名的胡夫金字塔。作为人造建筑的世界奇迹，胡夫金字塔首先是世界上最大的金字塔，刚开始建成时的胡夫金字塔高度为 146.59 米，底边长度为 230 米，是由 250 多万块每块重约 2.5 ~ 50 吨的巨石垒砌而成的。胡夫金字塔的建成时间大约在距今 4700 年前，随着岁月的流逝，在雨雪风沙的击打之下，胡夫金字塔已经不复当年的雄姿，现在的胡夫金字塔的高度仅为 138 米，而低边的长度则是 220 米，尽管如此，它仍然不失为世界之最，高高矗立在蓝天白云与满目黄沙之间，蔚为壮观。

但更为令人吃惊的奇迹，并不是胡夫金字塔的雄壮身姿，而是发生在胡夫金字塔上的数字"巧合"：人们到现在已经知道，由于地球公转轨道是椭圆形的，因而从地球到太阳的距离，也就在 14624 万公里到 15136 万公里之间，从而使人们将地球与太阳之间的平均距离 14659 万公里定为一个天文度量单位；如果现在把胡夫金字塔的高度 146.59 米乘以十亿，其结果不正好是 14659 万公里吗？事实上，这个数字很难说是出于巧合，因为胡夫金字塔的子午线，正好把地球上的陆地与海洋分成相等的两半。

卡纳克神庙遗址

埃及卡纳克神庙又称阿蒙·赖神庙，位于今天的卢克索市（古称底比斯），始建于公元前 1870 年，后经数代王朝的修葺扩展，是法老（古埃及国王）们献给太阳神、自然神和月亮神的庙宇建筑群，规模宏大，全部用巨石修建。庙门巍峨高达 38 米，蔚为壮观；主殿雄伟凝重，面积约 5000 平方米，有 16 行共 134 根巨石圆柱，其中最高的 12 根，每根高在 20 米以上，柱顶可站百人，柱上残留有描述太阳神故事的彩绘，庙内尖顶石碑如林，巨石雕像随处可见。在神庙的石壁上，可见到古埃及人用象形文字刻写的他们的光辉史迹。

大津巴布韦石群建筑遗址

津巴布韦在非洲班图语中是石头建筑的意思，哈拉雷东南300多公里处有一处被称为"大津巴布韦"的庞大石头建筑群遗址。它约建于公元8~10世纪，占地1万余亩。其中一堵约250米长、10米高的椭圆形城墙，一座约9米高的圆锥形石塔和建筑在90米高悬崖上的"卫城"，全部用约30厘米长、10厘米厚的花岗岩石块垒成。大津巴布韦规模宏大，建筑精巧，是非洲古代文明的象征，风格类似的石头建筑群遗址在津巴布韦已发现百余处。

欧洲文化地理篇

文化地理

欧洲文化地理读

欧洲风俗禁忌

　　欧洲国家有着西方人关于数字、颜色、花卉及动物的许多共同忌讳。西方人普遍忌讳 13 及星期五，其原因都源于基督教传说；西方许多国家都把黑色作为葬礼的表示；在国际交际场合，忌用菊花、杜鹃花、石竹花、黄色的花献给客人，已成为惯例；另外，在我国分别被认为吉祥、喜庆、长寿的大象、孔雀、仙鹤等动物图案在一些西方国家也被列于禁用之列，被分别视为蠢笨（英国）、淫妇（英国、法国）和蠢汉（法国）的代称。

　　由于民族文化的差异，欧洲各国都拥有许多各自的特点。如招手一类友好的手势，在希腊却意味着下地狱，希腊人表示告别，是把手背向对方招手。

法国凡尔赛宫

凡尔赛宫位于法国巴黎西南郊外伊夫林省省会凡尔赛镇，1979年被列为《世界文化遗产名录》。

凡尔赛宫宫殿为古典主义风格建筑，将立面划分为纵、横三段，建筑左右对称，造型轮廓整齐、庄重雄伟，被称为是理性美的代表。其内部装潢则以巴洛克风格为主，少数厅堂为洛可可风格。

正宫前面是一座风格独特的"法兰西式"的大花园，园内树木花草别具匠心，使人看后顿觉美不胜收。而建筑群周边园林亦是世界闻名。它与中国古典皇家园林有着截然不同的风格。它完全是人工雕琢的，极其讲究对称和几何图形化。

如果凡尔赛宫的外观给人以宏伟壮观的感觉，那么它的内部陈设及装潢就更富于艺术魅力，室内装饰极其豪华富丽是凡尔赛宫的一大特色。五百余间大殿小厅处处金碧辉煌，豪华非凡。内壁装饰以雕刻、巨幅油画及挂毯为主，配有17、18世纪造型超绝、工艺精湛的家具。大理石院和镜厅是其中最为突出的两处，除了上面讲到的室内装饰外，太阳也是常用的题目，因为太阳是路易十四的象征。有时候还和兵器、盔甲一起出现在墙面上。除了用人像装饰室内外，还用狮子、鹰、麒麟等动物形象来装饰室内。有的还用金属铸造成楼梯栏杆，有些金属配件还镀了金，配上各种色彩的大理石，显得十分夺目。天花板除了像镜厅那样的半圆拱外，还有平的，也有半球形穹顶，顶上除了绘画也有浮雕。宫内随处陈放着来

自世界各地的珍贵艺术品，其中有我国古代的精品瓷器。

　　凡尔赛皇宫喷泉里有一千四百多个喷水池，它们用掉的水比整个巴黎还要多，而那时巴黎人经常因为缺水而得病，许多人本来只要再多给一两滴水就能救活。国王的 30000 名士兵建造了 14 个巨型水轮、二百多个水泵组成的一个大机器，可以从塞纳河向喷水池里输水，不过这台机器经常会出现故障。

　　整个修建过程动用了 3000 名建筑工人、6000 匹马，由建筑工人来完成石方工程，马匹来搬运东西。既便如此，修建还是持续了整整 47 年之久。

白金汉宫

　　白金汉宫是英国的王宫，建造在威斯敏斯特城内，1703年为白金汉公爵所建而得名，最早称白金汉屋，意思是"他人的家"。

　　皇宫是一座四层正方体灰色建筑物，悬挂着王室徽章的庄严的正门，是英皇权力的中心地，四周围上栏杆，宫殿前面的广场有很多雕像，以及由爱德华七世扩建完成的白金汉宫，内部维多利业女王纪念堂，胜利女神金像站在高高的大理石台上，金光闪闪，就好像要从天而降似的，维多利亚女王像上的金色天使，代表皇室希望能再创造维多利亚时代的光辉。宫内有典礼厅、音乐厅、宴会厅、画廊等六百余间厅室，此外占地辽阔的御花园，花团锦簇、美不胜收。若皇宫正上方飘扬着英国皇帝旗帜时，则表示女王仍在宫中。如果没有的话，那就代表女王外出。如今女王的重要国事活动，如召见首相和大臣、接待和宴请来访的外国国家元首或政府首脑、接受外国使节递交国书等都在该宫举行。此外，来英进行国事访问的国家元首也在宫内下榻。王宫由身着礼服的皇家卫队守卫。

克里姆林宫

克里姆林宫位于俄罗斯的莫斯科市中心，是俄罗斯的标志之一。在克里姆林宫周围是红场和教堂广场等一组规模宏大、设计精美巧妙的建筑群。此外，还有建于公元 18 世纪的枢密院大厦，以及建于公元 19 世纪的大克里姆林宫和兵器陈列馆等。每一座建筑都蕴含着俄罗斯人民无与伦比的智慧，是世界建筑史上不可多得的杰作。宫内保存有俄国铸造艺术的杰作：重达 40 吨的"炮王"和 200 吨的"钟王"。克里姆林宫由此成为俄罗斯备受珍视的文化遗产。

克里姆林宫整体呈不等边三角形，面积 27.5 万平方米，周长 2 千米多，始建于 1156 年，原为苏兹达里大公爵尤里·多尔哥鲁基的庄园，有木造小城堡，称"捷吉涅茨"。1367 年在城堡原址上修建白石墙，随后又在城墙周围建造塔楼。几经修缮扩建，20 座塔楼参差错落地分布在三角形宫墙的三边。1935 年在斯巴斯克塔、尼古拉塔、特罗伊茨克塔、鲍罗维茨塔和沃多夫塔等塔楼各装有大小不一的五角星，以红水晶石和金属框镶制而成，内置 5000 瓦功率照明灯，红光闪闪，昼夜遥遥可见。

有一句俄罗斯谚语这样形容雄伟庄严的克里姆林宫："莫斯科大地上，唯见克里姆林宫高耸；克里姆林宫上，唯见遥遥苍穹。"克里姆林宫是俄罗斯世俗和宗教的文化遗产，它既是政治中心，又是公元 14～17 世纪俄罗斯东正教的活动中心。这里过去是统治俄

罗斯帝国的多代君王的皇宫，十月革命后是苏联最高权力机关和政府的所在地，今天又是俄罗斯的总统府（议会和政府现已迁出克里姆林宫）。可以说，从公元 13 世纪起，克里姆林宫就与俄罗斯的所有重大政治事件有关，它见证了俄罗斯从一个莫斯科大公国发展至今日横跨欧亚大陆的强大国家的全部历史。

巴黎圣母院

巴黎圣母院是法国天主教大教堂，位于巴黎塞纳河城岛的东端，始建于 1163 年，是巴黎大主教莫里斯·德·苏利决定兴建的，整座教堂在 1345 年才全部建成，历时一百八十多年。该教堂以其哥特式的建筑风格，祭坛、回廊、门窗等处的雕刻和绘画艺术，以及堂内所藏的 13 ~17 世纪的大量艺术珍品而闻名于世。

巴黎圣母院是一座典型的哥特式教堂。它的正面有一对钟塔，主入口的上部设有巨大的玫瑰窗。在中庭的上方有一个高达百米的尖塔。所有的柱子都挺拔修长，与上部尖尖的拱券连成一气。中庭又窄又高又长。从外面仰望教堂，那高峻的形体加上顶部耸立的钟塔和尖塔，使人感到一种向蓝天升腾的雄姿。进入教堂的内部，无数的垂直线条引人仰望，数十米高的拱顶在幽暗的光线下隐隐约约，闪闪烁烁，加上宗教的遐想，似乎上面就是天堂。于是，教堂就成为"与上帝对话"的地方。它是欧洲建筑史上一个划时代的标志。

圣母院坐东朝西，正面风格独特，结构严谨，看上去十分雄伟

庄严。它被壁柱纵向分隔为三大块；三条装饰带又将它横向划分为三部分，其中，最下面有三个内凹的门洞。门洞上方是所谓的"国王廊"，上有分别代表以色列和犹太国历代国王的28尊雕塑。1793年，大革命中的巴黎人民将其误认做他们痛恨的法国国王的形象而将它们捣毁。但是后来，雕像又重新被复原并放回原位。长廊上面为中央部分，两侧为两个巨大的石质中棂窗子，中间一个玫瑰花形的大圆窗，其直径约10米，建于1220～1225年。中央供奉着圣母圣婴，两边立着天使的塑像，两侧立的是亚当和夏娃的塑像。

站在塞纳河畔，远眺高高矗立的圣母院，巨大的门四周布满了雕像，一层接着一层，石像越往里层越小。大门上雕刻也是精巧无比，多为描述《圣经》中的人物，大门正中间则是一幕《最后的审判》。左右两边各另设一个大门，左侧大门是圣母玛利亚的事迹，右侧则是圣母之母——圣安娜的故事，每一个雕塑作品层次分明、工艺精细。

走入圣母院内，右侧安放一排排烛台，数十枝白烛互相辉映，使院内洋溢着柔和的气氛。坐席前设有讲台，讲台后面置放三座雕像，左、右雕像是国王路易十三及路易十四，两人目光齐望向中央

圣母哀子像，耶稣横卧于圣母膝上，圣母神情十分哀伤。

圣母院第二层楼是著名的玫瑰窗，色彩斑斓，可不仅仅是装饰，这富丽堂皇的彩色玻璃刻画着一个个的圣经故事，以前的神职人员藉由这些图像来做传道之用。

院内摆置很多的壁画、雕塑、圣像，因此前来观览的游客络绎不绝。要享受独自一人片刻的宁静，不妨上去圣母院第三层楼，也就是最顶层，雨果笔下的钟楼。从钟楼可以俯瞰巴黎如诗画般的美景，有欧洲古典及现代感的建筑物，欣赏塞纳河上风光，一艘艘观光船载着游客穿梭游驶于塞纳河。

教堂内部极为朴素，几乎没有什么装饰。大厅可容纳 9000 人，其中 1500 人可坐在讲台上。厅内的大管风琴也很有名，共有 6000 根音管，音色浑厚响亮，特别适合奏圣歌和悲壮的乐曲。曾经有许多重大的典礼在这里举行，例如宣读 1945 年第二次世界大战胜利的赞美诗，又如 1970 年法国总统戴高乐将军的葬礼等。

巴黎圣母院是一座石头建筑，在世界建筑史上，被誉为一曲由巨大的石头组成的交响乐。虽然这是一幢宗教建筑，但它闪烁着法国人民的智慧，反映了人们对美好生活的追求与向往。

巴黎圣母院是一座石头建筑，在世界建筑史上，被誉为一级由巨大的石头组成的交响乐。虽然这是一幢宗教建筑，但它闪烁着法国人民的智慧，反映了人们对美好生活的追求与向往。

德尔斐考古遗址

阿波罗神所说的希腊圣地德尔斐，是翁法勒遗址，是"世界中心"。与它的壮丽的自然景色和充满着宗教含义相符合的是，早在公元前 6 世纪，它就已经成为宗教的中心和古希腊世界统一的象征。

德尔斐是希腊古城，位于科林斯湾北岸福基斯的帕尔纳苏斯山南麓，因居住在这一地区的德尔斐族人而得名。这里是古希腊时期供奉太阳神阿波罗的圣地，在希腊人的心中，这里是全世界的中心，享有极为崇高的地位。自公元 590 年起，这里就成为皮托运动会的举行地，来自希腊各地的选手在这里进行传统的比赛项目，同时举行盛大的庆典活动，向阿波罗神庙敬供礼物。

到公元前 3 世纪，成为希腊全国文化与艺术中心。1892 年法国考古学家开始在遗址上进行发掘，发现院墙内的圣地面积达 1.67 万平方米，三面为德尔斐城所围绕，东南是入口处。圣地庭院内，有许多由各城邦与私人树立的颂扬神谕圣迹的纪念碑，并有约二十多所有各城邦建立的藏珍库。阿波罗神庙居圣地中心，略呈方形，四周是墙。神庙区东南部的大门，有"之"字形大路通往阿波罗神庙和露天剧场。这条被称为"圣路"的路，两旁有希腊各邦为供神而建的"礼物库"、祭坛、柱廊、纪念碑等。阿波罗神庙始建于公元前 7 世纪，中间屡遭摧毁，公元前 370—前 330 年是最后一次重建。庙长 60 米，宽 25 米，东西两端各有 6 柱，南北则分别有 15 根

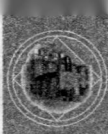

柱子，全是由石料精制而成。在神庙和各个礼物库中，有许多质地不同的雕像，其中以战车御者的铜像最为精美，是早期的古典雕刻杰作。现在石柱参差，墙垣犹存，尚能勾划出盛时的宏伟轮廓。残余的神庙建筑与纪念碑遗迹，都是当年希腊各地的艺术家的杰作，是研究古希腊艺术的巨大宝库。除了神庙与有关建筑物及纪念碑林外，还有一处剧院，一处运动场。在古城遗址上，原建有卡斯特里新村，后来为了便于考古发掘，新村在附近另外觅地重建，并恢复德尔斐的旧称。

美洲文化地理篇

文化地理

美洲文化地理篇

美国风俗

在美国必须"入境随俗"，必须了解并遵守美国社会中惯行的礼仪规则。在穿衣方面，虽然美国人给人以随和、不正式的印象，但在上班、赴宴会的场合，仍是很正规，穿衣的规矩极多，但以适合时宜为主，例如参加婚礼、参加丧事，则应穿着黑色或素色的衣服；女士在办公室应着裙装，避免穿牛仔长裤。乘车方面，车内座位的大小顺序，要看主人开车或司机开车而有所不同。如是搭乘出租车，应该以后座右方的座位为最大座，后座的左位为次之，再其次为中间，而司机旁的座位为最卑位。如开车的是友人，则他旁边的座位为最尊位，其次才是后座右、左及中间位。因此在中国常见男女友搭乘出租车时，男士总是打开车门让女士先进入，挪到左边位，男士再坐到右边位上，这是完全不符合正式西方礼仪的，正确方式应是让女士入座后，绕到左边车门自行上车入座。上下楼梯也有一定规矩，上楼时应让女士、长者先行，目的是保障女士、长者的安全。

在饮食方面，要注意餐具应先由最外面的一副刀叉开始使用，

食物要用叉子压紧，切成小块才放入口中，吃食物及喝汤时不可出声，喝咖啡的小汤勺是用来搅拌奶品及糖的，切记不可用汤勺来喝咖啡，并避免在餐厅中喧哗，如接到请帖赴宴，要注意下面几点：是否需要寄回回柬，告诉主人参加与否，有时也可用电话通知。注意参加的宴会有无服装的规定。在参加酒会的时候，要准时，可以在规定的时间内（如五时至七时）前往，当然也不宜太晚才到。

如果邀宴宾客，则主人应注意：

（1）陪客。应邀请与主客关系良好的人作陪。

（2）食物。应先了解客人有无忌嘴的食物，如是否为素食者，是否为不食猪肉及鳞鱼类的犹太人。

（3）座位。主人应坐在背对门的位置，主客则在其对面，另外要注意阶级、尊卑，并以男女、夫妻、中外分坐为原则。进餐时饮酒种类应视当日主食而定，如吃鱼则饮用白酒，吃肉则喝红酒，红酒应与室温相同，且不可强邀宾客"干杯"，至于威士忌及白兰地等烈性酒，则多于饭后或饭前饮用。国际社交礼仪规定多如牛毛，以上所举仅是其中数例，要在美国社会中行止合乎礼仪，还需平日多留心注意并虚心学习才可。

美国的主要礼节有：

（1）鞠躬礼。是下级对上级或同级之间的礼节。行鞠躬时要脱帽，右手握住帽檐中央将帽子取下，左手下垂，上身前倾约十五度，两眼注视受礼者，同时表示问候。握手礼，是全世界通用的礼节。起源于欧洲，最初是表示手里没有武器或亲切的意思。行握手礼时要客人先伸出手时才能握手。握手时一般不戴手套，但尊贵的人和女人可戴手套。行礼时忌交叉行礼，和女人握手不可太紧。

（2）点头礼。是同级或平辈人之间的礼节。如在路上相遇，可在行进间进行。如遇见长官、上级或长者，不行点头礼，而行鞠躬礼。

（3）举手注目礼。这是军人礼节。行礼时举右手，手指伸直并齐，指尖接触帽檐右侧，手掌略外，手臂与肩齐高，两眼注视受礼者，待对方答礼后将手放下。

（4）吻手礼。是欧美上层社会的礼节。和贵族妇女或夫人见面时，如果女方先伸出手做下垂式，则将手掌轻轻托起吻之。如果女方不伸手，则不行吻手礼。

（5）接吻礼。是上级对下级、长辈对晚辈或朋友、夫妻之间表示亲昵、爱抚的一种礼节。通常是在受礼者脸上或额上接吻。在高兴、喜庆或悲伤时，一般也行接吻礼，表示亲热或安慰。拥抱礼，是欧美各国熟人、朋友之间表示亲密感情的一种礼节。见面或告别时互相拥抱，表示亲密无间，感情深厚，拥抱礼通常和接吻礼一起进行。

美国的主要节日有：

（1）感恩节。感恩节是美国人民独创的一个古老节日，也是美国人全家欢聚的节日。原意是为了感谢印第安人，后来人们常在这一天感谢他人。自1941年起，感恩节是在每年11月的第四个星期四，从这一天起将休假两天，人们都要和自己的家人团聚，不管多忙（有些特殊岗位除外）都是如此。感恩节是美国国定假日中最地道、最美国式的节日，加拿大的感恩节则起始于1879年，是在每年10月第二个星期一，与美国的哥伦布日相同。

每逢感恩节这一天，美国举国上下热闹非常。城乡市镇到处举行化装游行、戏剧表演和体育比赛等，学校和商店也都按规定放假休息。孩子们还模仿当年印第安人模样穿上离奇古怪的服装，画上脸谱或戴上面具到街上唱歌、吹喇叭。当天教堂里的人也格外多，按习俗人们在这里都要做感恩祈祷。美国人从小就习惯独立生活，

劳燕分飞，各奔东西，而在感恩节，他们总是力争从天南地北归来，一家人团团围坐在一起，大嚼美味火鸡，畅谈往事，使人感到分外亲切、温暖。

（2）圣诞节。是美国人最大最热闹的节日。每年12月25日，全国便沉浸在一派喜气洋洋的节日气氛中。

从感恩节过后的第二天，美国人就开始为圣诞节大忙特忙起来。每家商店都是人流滚滚，商人们要鼓起如簧之舌，推销他们的各种货物，普通人也愿意趁此机会弃旧更新。

圣诞夜是一个狂欢的夜晚。美国人常常通宵达旦地举行庆祝活动。人们在小杉树上或小松树上挂满礼物、彩花和彩灯，树顶上还装上一颗大星。大人们站在一旁欣赏圣诞树，孩子们更是手舞足蹈，甚至手拉手地围着圣诞树跳起欢快的舞蹈。在公共场所，贺年片上到处都有圣诞老人的形象。有时在家里也由一人扮成圣诞老人，为大家分发礼物。

美国人庆祝圣诞简直可以称得上是狂欢。送礼物和装饰家庭，是他们最重要的庆祝方式。每个家庭，都放着大包的礼物。孩子们把袜子挂在火炉边，希望圣诞老人在深夜把礼物带来，放进袜子里。

每一个家庭在12月中旬，便会在市场上选择一株称心满意的圣诞树并装饰得五彩缤纷。青少年都爱在圣诞前夕和圣诞晚上举行派对，许多情窦初开的小伙子，视第一次参加圣诞舞会为人生大事。

（3）元旦。北美洲的印第安人在元旦来临之际，喜欢用雄鹰、猫头鹰等飞禽的羽毛来装饰衣鞋帽，以示吉祥如意。

在欧美各国严禁随地吐痰和乱丢垃圾，违者要罚款。违者必罚，没有例外。有些西方人也忌讳，特别是点烟的时候，不论你用火柴还是打火机给他们点烟，点到第三个人时，他们往往会面呈难色，有的人甚至会礼貌地拒绝。

美国白宫

美国总统官邸，在美国首都华盛顿，是一座白色的二层楼房。1792 年始建，从 1800 年以后成为历届总统的官邸，1902 年美国总统罗斯福首先使用"白宫"一词，后成为美国政府的代表。

白宫是美国政要名流的舞台，也是全世界最好客的元首官邸，两个世纪以来四十多位白宫主人在这里工作与生活。它的每个房间都有说不完的故事，新的主人为了显示其统治权总喜欢改变原有的装潢或摆饰，以表明新主人的不同品味，白宫总是以新的面貌迎接它的主人。

从正门进入的国家楼层共有 5 个主要房间，由西至东依序是：国宴室、红室、蓝室、绿室和东室，东室是白宫最大的一个房间，可容纳 300 位宾客，主要用做大型招待会、舞会和各种纪念性仪式的庆典。历史上许多重要事件在此发生。

总统办公的椭圆办公室位于西厢的旁边位置，对面是总统专属的玫瑰花园。

东厢前花园是杰奎琳花园，她是对白宫最有贡献的第一夫人了。她为了将白宫变成一座极有价值的博物馆，开始有系统的收集白宫历史和文物，四处搜寻古董真迹。在白宫历史学会成立后，她赋予了白宫历史的内涵。现在许多房间里陈设的精致古董，大半是

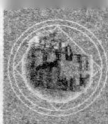

蒙罗总统时期的收藏，尤其是蓝室充满法国皇家气派：室内以蓝色为主饰，金边花纹的墙壁，衬托出蓝室豪华的风格，因此这个房间经常用来招待贵宾。蓝室之下是外交使节接待室，是专供各国大使呈递到任国书之处。

蓝室的阳台面对南院草坪，是总统与贵宾经常向民众挥手露面的地方，南草坪上许多树木也是总统或夫人亲手种植。蓝室之上的椭圆房间，曾经是总统办公室，还做过内阁室和签约室。

蓝室左右两旁的红室和绿室都是小型接待室，以不同色调装饰，各有不同用途。

红室是第一夫人们最喜爱的房间，红室布置成 1830 年早期型式，摆设在大理石壁炉上的一座 18 世纪法制音乐钟，是法国总统在 1952 年所赠送。从桃莉的时代起，每周三晚都要在这里举办盛会。红室之旁的国宴室，摆放着一张蒙罗时期的 13 尺长桌，其上镂刻精致的纹饰是令人赞叹的杰作，是白宫的精品之一。国宴室可容纳 130 位宾客用餐，在大理石壁炉上方铭刻着第一位白宫主人亚当斯在 1800 年 11 月 2 日写给夫人信中的一段话："我祈求上苍赐予最大福分给这所房屋和所有此后居住的人，但愿只有诚实和智慧的人住在此屋檐下。"

国家楼层之上是总统和家人居住休息的地方，也用来招待重要贵宾，世界各国领袖或王公贵族都以住过白宫为荣。

从海斯夫人开始，在各个房间悬挂总统及夫人画像成为白宫新旧主人的共同爱好。目前在蓝室挂有四位早期总统画像：亚当斯、杰弗逊、蒙罗和泰勒，国宴室则悬挂林肯画像，东室有华盛顿画像。这是喜爱社交的麦迪逊夫人桃莉对白宫唯一的功绩。二百多年时光弹指流逝，只有华盛顿的画像屹立在这里，注视着由他一手创立的国家。

神奇的玛雅文化遗址

玛雅文化的重要遗址有位于墨西哥中部高原的特奥提华城、玛雅尤卡坦半岛南端乌苏乌辛塔河流域的科班城和尤卡坦半岛北部的乌斯马尔城。它们分别属于古典时期、早期和晚期的奴隶制城邦遗址。

通过考古探测，我们知道这些城市的规模宏大，有的城市长宽均达数公里。城内耸立着许多金碧辉煌的神庙和宫殿。在建筑物的墙壁、柱子、梯阶和石碑上有精美的雕刻，有的地方还发现了栩栩动人的壁画，描绘了庆祝游行、呈献贡赋、押送战俘、争夺格斗等场面，表现了玛雅人高度的艺术成就。除此以外，多层次的金字塔

台庙建筑，光怪神奇，令人赞叹。如乌斯马尔城的几座多层次金字塔，反映了玛雅人对地球的原始观念。他们将地球上部分成若干层，每层有 13 个世界；地球下部也是如此，每层有 9 个世界。各层分别由"界神"掌管。

玛雅人信仰太阳神、月神、蛇神、风神、雨神、地神和农神，尤以崇拜玉米神为最。他们用占卜沟通人与神的联系。玛雅人祭神的规模很大，祭品除牲畜、飞禽、瓜果外，还一度盛行人祭。公元前后，玛雅人便有了象形文字，包括许多象形符号和音标、音节符号，它们一般用小毛笔书写在无花果树皮上。科班城建筑群中著名的象形文字梯道，是玛雅人特有的具有纪念意义的建筑物。然而，遗留到今天的玛雅文字，多是镌刻在石碑、陶器、骨器上的铭文，而且迄今无法辨认。

澳洲文化地理篇

文化地理

澳大利亚主流社会风俗

　　澳大利亚人很讲究礼貌，在公共场合从来不大声喧哗。在银行、邮局、公共汽车站等公共场所，都是耐心等待，秩序井然。握手是一种相互打招呼的方式，拥抱亲吻的情况罕见。澳大利亚同英国一样有妇女优先的习惯；他们非常注重公共场所的仪表，男子大多数不留胡须，出席正式场合时西装革履，女性是西服上衣西服裙。澳大利亚人的时间观念很强，约会必须事先联系并准时赴约，最合适的礼物是给女主人带上一束鲜花，也可以给男主人送一瓶葡萄酒。澳大利亚人待人接物都很随和。

　　男子多穿西服，打领带，在正式场合打黑色领结，达尔文服是流行于达尔文市的一种简便服装。妇女一年中大部分时间都穿裙子，在社交场合则套上西装上衣。无论男女都喜欢穿牛仔裤，他们认为穿牛仔裤方便自如。土著居民往往赤身裸体，或在腰间扎一条围巾，有些地方的土著人讲究些，会披在身上。他们的装饰品丰富多彩。

　　这里的男人们相处，感情不能过于外露，大多数男人不喜欢紧

紧拥抱或握住双肩之类的动作。在社交场合，忌讳打哈欠、伸懒腰等小动作。澳大利亚人见面习惯于握手，不过有些女子之间不握手，女友相逢时常亲吻对方的脸。澳大利亚人大都名在前，姓在后。称呼别人先说姓，接上先生、小姐或太太之类。熟人之间可称小名。

澳大利亚人在饮食上以吃英式西菜为主，口味清淡，不喜油腻。澳大利亚的食品素以丰盛和量大而著称，尤其对动物蛋白质的需求量更大。他们爱喝牛奶，喜食牛肉、猪肉等。他们喜喝啤酒，对咖啡很感兴趣。

在澳大利亚，男女婚前一般要先订婚，由女方家长宴请男方的家长及兄弟姐妹，婚礼后通常要举行宴会。澳大利亚人的葬礼，先在教堂内举行，由牧师主持追思礼，他们还保存着寡妇沉默的古俗。有趣的是由于地理位置的原因，其圣诞节和元旦节不是在寒冷的冬季，而是在火热的夏季。

到澳大利亚进行商务活动的最佳月份是 3～11 月。澳大利亚是一个讲求平等的社会，不喜欢以命令的口气指使别人。他们把公和私分得很清楚，所以不要以为一起进过餐，生意就好做了。

澳大利亚不流行小费，但服务人员如果为你提供了额外的服务，可给适当的小费，数目不宜多。到商店里买东西不要讨价还价。坐车不系安全带是违法的，小孩也要系安全带。澳大利亚人对兔子特别忌讳，认为兔子是一种不吉利的动物，人们看到它都会感到倒霉。与他们交谈时，多谈旅行、体育运动及到澳大利亚的见闻。

新西兰风俗

　　新西兰人正如世界上的许多民族，素有友善好客的美誉。但他们也是非常独立自主的民族，同样期盼其他人也和他们一样。如果有些事令人困惑慌乱，需要人帮助时，他们会适时伸出援助之手给予帮助。在新西兰人当中最好用英语交谈，不必担心任何的错误，纯朴的新西兰人不会感觉被触犯和吹毛求疵，他们还会热心地教导和指正你的错误。

　　新西兰人非常注重享受高度的隐私权，尤其是他们的家居生活。当你受聘工作前，未来雇主会问及许多的个人资料。根据法令，员工可以不必提供下列资料，例如他们的生日、家属、婚姻状况及健康情形等。如果你认为你的个人隐私资料被侵犯，也可以向隐私权委员会提出诉讼。

　　如果你被邀请拜访他人，通常主人会招待你喝饮料或进餐。如果邀请为早餐、午餐和晚餐，那么通常是丰富的一餐。如果此邀请是喝茶则必须进一步澄清，因为"喝茶"可意味着上午茶、下午茶和傍晚茶，若在傍晚就被视为一同共进晚餐；所谓的上午茶和下午茶通常是喝茶和咖啡，也会让你尝试主人调制的饼干或蛋糕等小食。

　　拜访主人时，必须按门铃或敲门，等待主人开门后才进入，主人请你坐下你再坐下比较有礼貌，新西兰人若被邀请吃晚餐，通常会带点小礼物给主人，例如花、酒和巧克力。

　　新西兰人对废物的处理非常重视，每个街区都有指定每周某日进行废物收集，每户人家按照日期把废物分别包扎好，或放置在标准的垃圾箱内，如纸张、玻璃器皿、木材等分别处理，放置于门外，由废物收集公司进行收集。绝对不要把废物任意堆放，使街道污染，影响卫生。在某些街段，还会设置一些废弃物专门收集箱，在住宅区内，我们都见到整齐的街道和草坪，这些都不是市政事务处的功劳。每家每户门前路旁的草坪修剪都是各自负责进行，修葺草坪是新西兰生活情趣的一部分，也是公共道德标准之一。

　　结婚邀请函通常由女方寄出，会附上敬请赐复之日期，也就是客人最晚这一天要回复，借此可知道有多少人将参加此婚宴，多少人需要被款待。客人通常会买一些家电用品以协助新娘成立新家庭，也可以问新娘、新郎有无特别需要的东西。

　　在新西兰，毛利人仍保留着浓郁的传统习俗。他们大都信奉原始的多神教，还相信灵魂不灭，尊奉祖先的精灵。每遇重大的活动，他们便照例要到河里去做祈祷，而且还要相互泼水，以此表示宗教仪式上的纯洁，他们有一种传统的礼节：当遇到尊贵的客人时，他们要行"碰鼻礼"，即双方要鼻尖碰鼻尖二三次，然后再分手离去。据说，按照其风俗，碰鼻子的时间超长，就说明礼遇越高，越受欢迎。给别人拍照，特别是给毛利人拍照，一定要事先征求同意。

悉尼歌剧院

　　悉尼歌剧院，位于澳大利亚新南威尔士州的首府悉尼市贝尼朗岬角。这座综合性的艺术中心，在现代建筑史上被认为是巨型雕塑式的典型作品，也是澳大利亚的象征性标志。

　　悉尼歌剧院的外观为三组巨大的壳片，耸立在南北长 186 米、东西最宽处为 97 米的现浇钢筋混凝土结构的基座上。第一组壳片在地段西侧，四对壳片成串排列，三对朝北，一对朝南，内部是大音乐厅。第二组在地段东侧，与第一组大致平行，形式相同而规模略有不同。第三组在它们的西南方，规模最小，由两对壳片组成，里面是餐厅。其他房间都巧妙地布置在基座内。整个建筑群的入口在南端，有宽 97 米的大台阶。车辆入口和停车场设在大台阶下面。

　　悉尼歌剧院不仅是悉尼艺术文化的殿堂，更是悉尼的灵魂，清晨、黄昏或星空，不论徒步缓行或出海遨游，悉尼歌剧院随时为游客展现不同多样的迷人风采。每年在悉尼歌剧院举行的表演大约 3000 场，约 200 万观众前往共襄盛举，是全界最大的表演艺术中心之一。

澳大利亚哺乳动物的化石遗址

位于澳大利亚里弗斯利和纳拉库特的化石遗址向人们揭示了古澳大利亚的气候与环境，揭示了澳大利亚近 2500 万年里有袋动物的进化史，从而受到世界的瞩目，并于公元 1994 年被列入世界遗产目录。遗址群可追溯到公元前 28 万年以前，提供了澳大利亚前欧洲时代和更新世晚期无与伦比的有关环境和生态方面的记录，其中包括保存完好的澳大利亚冰河纪巨型动物（巨大的、已灭绝的哺乳动物、鸟类和爬行动物）的化石，也包括一些近代生物的化石，如蝙蝠、蛇、鹦鹉、龟、老鼠、蜥蜴和青蛙等。1969 年 10 月，纳拉库特岩洞和化石洞开始对外开放，并于 1971 年修建了通向岩洞和旅游路线，1975 年岩洞被重新命名为维多利亚岩洞。